No princípio era o meio

Luiz Tatit

edição brasileira© Hedra & Acorde 2022
organização© Marcos Lacerda

edição Paulo Almeida e Janaína Marquesini
coedição Jorge Sallum e Suzana Salama
assistência editorial Paulo Henrique Pompermaier
revisão Renier Silva
capa Lucas Kröeff

ISBN 978-65-99441-29-5

*Grafia atualizada segundo o Acordo Ortográfico da Língua
Portuguesa de 1990, em vigor no Brasil desde 2009.*

*Direitos reservados em língua
portuguesa somente para o Brasil*

EDITORA HEDRA LTDA.
R. Fradique Coutinho, 1139 (subsolo)
05416-011 São Paulo SP Brasil
Telefone/Fax +55 11 3097 8304
editora@hedra.com.br

www.hedra.com.br
Foi feito o depósito legal.

No princípio era o meio

Luiz Tatit

Marcos Lacerda (*organização*)

1ª edição

hedra acorde!

São Paulo   2022

Luiz Tatit (1951) é professor de linguística, crítico, ensaísta e teórico da canção, além de cancionista. Depois da atuação no grupo Rumo, um dos experimentos mais vigorosos e relevantes da vanguarda paulista, fez carreira solo com o álbum *Felicidade* (1997), passando por outros como *O meio* (2000), *Ouvidos uni-vos* (2005), *Rodopio* (2007), *Sem destino* (2010), *Palavras e sonhos* (2016), entre outros. Trabalhou também em parcerias, como a produzida junto a Arrigo Barnabé e Lívia Nestróvski no álbum *De nada mais a algo além* (2014), e o conjunto de shows com José Miguel Wisnik e Arthur Nestróvski, no projeto *O fim da canção* (2013). O trabalho como crítico começou a partir dos anos 1980, com textos escritos para cadernos culturais, além da publicação do livro *A canção, eficácia e encanto* (1986). Publicou também *O cancionista* (1996), *Musicando a semiótica* (1997), *O século da canção* (2004) e *Todos entoam* (2014), sempre tendo como objeto a canção e a construção de uma teoria e mediação próprias a essa linguagem artística.

No princípio era o meio reúne textos, divididos em três blocos temáticos, que desenvolvem a singularidade da canção como linguagem artística, tanto no aspecto formal, quanto histórico e técnico. O primeiro bloco define o sentido da conceituação. O segundo é formado por dois estudos de caso de artistas vinculados a diferentes formas de composição, movimentos artísticos e contextos históricos distintos: Tom Jobim e Itamar Assumpção. O terceiro, por sua vez, diferente do tom ensaístico dos dois primeiros blocos, é formado por textos com linguagem mais próxima à do jornalismo cultural.

Marcos Lacerda é sociólogo e ensaísta. Foi diretor de música da Funarte, responsável por políticas de âmbito nacional. Publicou como autor o livro *Hotel Universo: a poética de Ronaldo Bastos* (2019); e como organizador os livros *Música: ensaios brasileiros contemporâneos* (2016) e *A canção como música de invenção* (2018). É um dos curadores da coleção Cadernos Ultramares e um dos editores da revista de crítica musical *Uma canção*.

Sumário

Apresentação, *por Marcos Lacerda* 7

NO PRINCÍPIO ERA O MEIO. 19
O século XX em foco 21
Dicção do cancionista 41
Dicção de Tom Jobim... 69
A transmutação do artista 103
O momento de criação na canção popular..................... 123
Vocação e perplexidade dos cancionistas..................... 129
Cancionistas invisíveis 137

Apresentação
*Da voz que fala pela
fala e pela voz*

MARCOS LACERDA

Uma composição de Luiz Tatit em parceria com José Miguel Wisnik, gravada para o primeiro álbum do autor — que é também crítico, ensaísta, pensador da cultura, teórico da canção —, "Mestres cantores", explicita bem a sua condição como cancionista e intelectual, artista da canção e professor universitário, entre escalas e escolas, entre o céu do pensamento e o domínio sublunar do cotidiano:

> Nós aqui livres docentes
> Docemente livres
> Entre o rap e o repente
> A canção dolente
> A canção enquanto tal
> A música total
> Da voz que fala pela fala
> E pela voz

Os textos selecionados para este livro buscam justamente o desenvolvimento de um movimento de conceituação que tem como objetivo central explicitar a singularidade da canção como linguagem artística, ou, se seguirmos os versos da canção mencionada: *da voz que fala pela fala e pela voz*. E isso tanto no aspecto formal, como histórico e técnico. No desenrolar dos artigos e ensaios selecionados, perceberemos o modo como Tatit conduziu a sua reflexão.

Luiz Tatit é professor de linguística, crítico, ensaísta e teórico da canção, além de cancionista. Atuou no grupo Rumo, um dos experimentos mais vigorosos e relevantes da vanguarda paulista, e passou a desenvolver sua carreira solo com o álbum *Felicidade*, de 1997, passando depois por álbuns como *O meio*, de 2000, *Ouvidos uni-vos*, de 2005, *Rodopio*, de 2007, *Sem destino*, de 2010, *Palavras e sonhos*, de 2016, entre outros. Tem também uma série de trabalhos feitos em parcerias, como a feita com Arrigo Barnabé e Lívia Nestróvski no álbum *De nada mais a algo além*, de 2014, e o conjunto de shows com José Miguel Wisnik e Arthur Nestróvski, para o projeto *O fim da canção*, de 2013.

Seu trabalho na crítica passou a ser desenvolvido a partir dos anos 1980, com a publicação de textos em cadernos culturais, e o livro *A canção, eficácia e encanto*, de 1986. Depois se seguiu uma série de outras publicações, entre livros e artigos. Cabe aqui destacar, entre muitos, os seguintes: *O cancionista*, de 1996, *Musicando a semiótica*, de 1997, *O século da canção*, de 2004, e *Todos entoam*, de 2014, sempre como objeto central a canção, e como objetivo geral a construção de uma teoria e de uma mediação crítica próprias a essa linguagem artística.

SOBRE A EDIÇÃO

O livro é dividido em três blocos. O primeiro define o sentido da conceituação, e apresenta sua relação com os aspectos formais, históricos e técnicos. Estão inclusos aqui os textos "O século XX em foco" e "A dicção do cancionista".

O segundo, formado por dois estudos de caso, cujas obras exemplificam e explicitam aspectos da teoria da canção do primeiro bloco. Selecionamos, estrategicamente, dois artistas vinculados a formas de composição, movimentos artísticos e contextos históricos distintos: Tom Jobim e Itamar Assumpção, com os textos respectivos, "A dicção de Tom Jobim" e "A transmutação do artista".

Em ambos os blocos, o tom da escrita é mais analítico, denotando a necessidade de precisão conceitual e, mesmo, precaução metodológica. O terceiro, por sua vez, destaca textos com um teor mais propriamente ensaístico, com temática mais geral, embora tendo a autonomia da canção como regulador e parâmetro central. Ele é formado por ensaios mais soltos que, a sua maneira, condensa as problemáticas apresentadas no primeiro e segundo blocos, só que com uma linguagem mais próxima do jornalismo cultural, a que estão mais acostumados os leitores de crítica da canção, ao menos no Brasil. São desse bloco os textos "Vocação e perspectiva dos cancionistas", "O momento de criação em canção popular" e "Cancionistas invisíveis".

Essa variação nos textos é bastante significativa para os nossos propósitos. Ora, o que busca a coleção é contribuir para uma sistematização da produção crítica em canção no país, tendo em vista a sua diversidade temática e analítica, muitas vezes não explicitada. Tatit pode ser considerado o conceituador mais contundente e preciso da canção como linguagem artística autônoma. É, também, precursor desse tipo de estudo e, digamos assim, dessa linhagem da crítica da canção.

A DELIMITAÇÃO CONCEITUAL

Os textos do primeiro bloco sistematizam e, ao mesmo tempo, historicizam a canção popular moderna. E se concentram no Brasil. Tudo passa pelo processo que vai se dar entre a fala e o canto. O movimento que vai gerar algo novo, que não é nem o canto em si, nem a fala. A travessia entre estas duas instâncias é a que vai criar propriamente a canção, como linguagem artística autônoma, em relação à literatura e em relação à música. Não sendo literatura, nem música, a canção exige, inclusive, a construção de parâmetros próprios de análise e crítica.

Este lugar impreciso, entre a fala e o canto, faz aparecer variantes melódicas que servem como uma forma possível de tipificar a canção, com especial atenção para duas delas: a passional e a temática, que trataremos mais adiante, além de uma terceira, a figurativa ou enunciativa. Tão importante são essas variantes que podemos, através delas, categorizar uma série de canções, mesmo movimentos artísticos ligados à canção popular, até a obra de artistas.

Mas o que é, afinal de contas, esse limiar impreciso de que falamos, que permite gerar a linguagem da canção, a própria figura do cancionista?

É a entoação. A entoação é a entidade que permite a construção de uma série de relações entre a fala e o canto e, com isso, induz à criação das melodias que geram a forma canção. Vejam que existe a primazia da palavra, não da palavra isolada, mas entoada, da palavra que gera variações melódicas. Essa descoberta, central para a conceituação de Tatit, se deu através de um *insight*, ao ver uma interpretação de Gilberto Gil a partir de uma canção interpretada por Germano Mathias, como se nota na passagem de "O século xx em foco":

Meu espanto não decorria do fato de essa canção exibir, de ponta a ponta, seu vínculo com a fala, mas da hipótese, então bem nebulosa, de outras canções, totalmente distintas, como "Travessia", "Garota de Ipanema" ou "Quero que tudo vá pro inferno", camuflarem esse mesmo vínculo. De qualquer forma, o centro do problema deslocava-se para fora da música e da poesia, embora ambas participassem das etapas de criação. Passei a enxergar a canção como produto de uma dicção. E mais que pela fala explícita, passei a me interessar pela fala camuflada em tensões melódicas.

A entoação gera duas formas principais da canção: a forma passionalizada e a forma tematizada, além de uma terceira, a figurativa. A primeira se caracteriza por uma extensão da duração e da frequência das frases musicais, com uma primazia das vogais alongadas e expandidas, a denotar uma dimensão mais própria do ser, no sentido da paixão, mais da passionalidade do que da ação. A segunda, por sua vez, se caracteriza por uma redução da duração e da frequência das frases musicais, com a primazia se associando ao jogo de consoantes que vão criando quebras rítmicas, que também podem ser nomeadas como temas, daí o termo *tematizada*. Com isso, coloca em primeiro plano a ação. Já a terceira, por sua vez, enfatiza a figuração de personagens e tipificações, com as canções vinculadas ao *aqui e agora*, como se o artista estivesse falando diretamente a um interlocutor, comentando uma situação específica, numa conversa direta. Podemos pensar aqui em canções como "Acertei no milhar", "Conversa de botequim", ou "Amigo é pra essas coisas".

No caso das duas anteriores, entre a paixão e a ação, a extensão vogal e a contenção das consoantes, a expansão da duração e frequência e a sua redução e concentração, o nível de operacionalização parece ser maior. Podemos ver isso em muitos exemplos de canções e, mesmo, de estilos e subgêneros. As serestas e tangos cantados por vozes como as de Vicente Celestino e as marchinhas de carnaval em vozes como as de Almirante. O samba canção e o samba breque. Francisco Alves em contraponto a Mário Reis; Araci de Almeida em contraponto à dicção mais solta e tematizada de Carmem Miranda. A diferença de andamento entre "Disparada", de Geraldo Vandré e Theo de Barros, e "A banda", de Chico Buarque, para usar exemplos dados pelo próprio autor.

É ele mesmo que o diz, aliás, que a descoberta do princípio da entoação, chamemos assim, fez com que pudesse vislumbrar um método próprio de análise da canção que fosse válido para canções tão díspares como "Travessia", de Milton Nascimento e Fernando Brant, "Garota de Ipanema", de Tom Jobim e Vinícius de Moraes, ou "Quero que tudo vá pro inferno" , de Eramos Carlos e Roberto Carlos, como mencionamos no trecho citado mais acima.

O mesmo pode se notar, o que é bastante interessante, no que diz respeito aos movimentos artísticos ligados à canção popular. Dois deles em especial podem ser considerados como as balizas do século XX na canção brasileira, segundo a conceituação de Tatit. De um lado, a Bossa Nova, como exemplar maior da variante temática, *locus* do exercício de lapidação e de apagamento das arestas exageradas e rebarbativas da variante passional. O momento de concentração é também o momento de seleção e mediação crítica mais acentuada e, digamos assim, rigorosa.

No entanto, levado ao extremo, a variante temática acaba por excluir expressões de muita vitalidade e força, especialmente aquelas associadas à variante passional. Assim, com o tropicalismo temos uma nova abertura, um novo esgarçamento da forma, com a inclusão e a explicitação da pluralidade de formas de se fazer canção, trazendo novamente ao centro a variante passionalizada, muito comum na nobre linhagem da canção romântica brasileira, por exemplo.

Aqui se situam os aspectos formais da linguagem da canção. Estes aspectos se misturam a outros, como as dimensões históricas e técnicas, não menos fundamentais. A canção, tal qual a conhecemos, é um produto do século XX, tem relação direta com algumas mudanças tecnológicas no modo de gravação e reprodução da música, diretamente vinculados à indústria cultural moderna.

Ela se desenvolve, no caso do Brasil, entre o lundu, associado ao conjunto de sonoridades dos batuques dos escravizados neo-africanos e a modinha, como forma musical vinda da tradição europeia. Temos, assim, uma aproximação que gerou não uma síntese, necessariamente, mas uma outra forma artística. Tanto na sua dimensão harmônico/ melódica, quanto na dimensão da poética. Uma poética da canção que vai se construindo não como poesia letrada *respeitável* dos salões das modinhas, muito menos como variações eivadas de comicidade e malícia dos lundus, mas como outra coisa, que unisse ambas as possibilidades, mas sempre tendo a entoação como primado.

Mas este processo histórico, que remonta aos fins de século XIX, e as primeiras décadas do século XX, têm uma dimensão tecnológica fundamental. É que o período coincide com a criação de formas de gravação e registro técnico das canções, e com a chegada dos aparelhos fonomecânicos ao Brasil. Assim, no momento em que está em gestão uma nova forma de entoar, nem diretamente vinculada ao lundu, nem diretamente vinculada às modinhas, surge no país uma forma técnica de registro musical que vai servir de modo perfeito. O registro fonográfico nos discos passa a ter um papel equivalente ao cancionista à partitura para o músico erudito.

Em suma, existe um vínculo orgânico entre o surgimento da canção moderna e o desenvolvimento das técnicas de gravação e registro fonográficos, ambos consolidados no Brasil a partir da década de 1930, como podemos ver claramente nessa passagem do mesmo texto:

> Dos batuques emanavam um volume de som incompatível com os parcos recursos de gravação implantados pelos primeiros grupos de fonógrafos que aportaram no Rio de Janeiro. De outra parte, os mestres do chorinho e de outros gêneros de música escrita não viam razão para trocar sua forma precisa de registro em partitura pelos meios fonomecânicos rudimentares que jamais expressariam todos os matizes musicais de suas composições. As canções, ao contrário, por estarem baseadas numa oralidade de natureza instável — também já vimos que a entoação da fala tende a desaparecer assim que a mensagem do texto é transmitida—, precisavam da gravação como recurso de fixação das obras que, até então, quando não se perdiam nas rodas de brincadeira, passavam a depender exclusivamente da boa memória de seus praticantes.

ESTUDOS DE CASO: TOM JOBIM E ITAMAR ASSUMPÇÃO

É a partir do modelo das variantes tipológicas da canção, em seus aspectos formais e históricos, que é feita a análise de dois estudos de caso expressivos. O primeiro se debruça sobre a dicção do maestro soberano Tom Jobim. Músico com formação erudita, ao mesmo tempo em que excelente cancionista. Tom Jobim foi um dos mais importantes modernizadores da canção brasileira e, também, criou peças sinfônicas. O segundo, Itamar Assumpção, um dos artistas mais inventivos da vanguarda paulista, das movimentações centrais para a renovação formal da música e canção brasileira.

É muito importante explicitar a diferença significativa entre os dois artistas da canção. Tom Jobim é um dos raríssimos músicos com formação erudita e que é também exímio cancionista. Ou melhor, que colocou a música a serviço do exercício cancional. Itamar Assumpção é o cancionista por excelência, suas canções explicitam o papel da entoação como poucos entre seus pares e faz dela motivo para canções pop e experimentais, ou mesmo inclassificáveis, podendo ser considerado um dos maiores malabaristas da palavra entoada.

No texto sobre Tom Jobim, vale ver com vagar as análises finas de canções como "Luíza" e "Corcovado", além do trabalho de atenção histórica ao seu lugar no processo de modernização da canção brasileira atenta aos movimentos da canção americana do período. A dicção de Tom Jobim assim incorpora aspectos modernizantes da canção americana da primeira metade do século xx, insere no núcleo de feitura da canção brasileira e gera, com isso, variantes harmônicas na tessitura melódica das canções. A inserção dessas variantes responde, é preciso se dizer, às necessidades da canção e não propriamente da música. Temos aqui, novamente, a presença da entoação como princípio de estruturação da linguagem da canção. E temos, a partir daí, variações harmônicas complexas e estruturações melódicas não menos complexas.

Mas sobre a dicção de Tom Jobim há muito mais a dizer. Também vale ver "Garota de Ipanema", um belo exemplo dos usos das variantes temáticas e passionalizadas internas à própria canção. Assim, na primeira parte, temos um exemplo claro da variante temática, quando parece mesmo que o jogo rítmico, melódico e silábico acompanha o passo da garota tipificada na canção, como se o mimetizasse. Há, inclusive, uma sensação de alegria e leveza, formalmente bem resolvidas, e sem drama ou paixão exasperada.

Já na segunda parte a situação se modifica. Temos a passagem da variante temática para a variante passionalizada. A relação entre entoação e melodia se modifica. Agora vemos as vogais se alongarem fazendo com que a própria melodia se expanda e colocando no centro de tudo a paixão e a tristeza. O sujeito da canção se pergunta: "Ah, por que estou tão sozinho?/ Ah, por que tudo é tão triste?" para voltar, depois, para a variante temática e assim finalizar a canção.

A análise de Itamar Assumpção faz uma gênese de toda a sua carreira, dos primeiros discos, *Beleléu, Leléu, Eu* (1980), *Às próprias custas* S.A. (1983) e *Sampa Midinight* (1986), passando por *Intercontinental! Quem diria! Era só o que faltava!!!* (1988), *Bicho de sete cabeças* I, II e III (1993) e *Pretobrás* (1998). O que se nota é uma verdadeira "transmutação do artista", daí o título do texto. Transmutação que se dá entre o primeiro momento de suas composições, com o vínculo direto entre as canções e a própria figura, cênica e corporal, de Itamar Assumpção. As composições possuem uma relação de organicidade com o personagem construído pelo autor, nomeado de diferentes modos, mas sempre como a figura do anti-herói, no ciclo *nego dito*, que compõe os primeiros discos. A partir do *Intercontinental! Quem diria! Era só isso o que faltava!!!*, começa a se notar uma mudança gradativa. O personagem vai perdendo espaço, e a motivação das canções começam a se vincular a elas mesmas, às suas próprias dinâmicas e tramas formais. É como se estivesse havendo uma espécie de deslocamento de sentido, implicando numa multiplicidade possível de personagens que poderiam ser ancorados nas composições.

A própria obra se abre para a possibilidade de outros intérpretes, algo quase impossível no período do *projeto Beleléu*, tamanha força de sintonia entre o autor e sua obra, tamanha necessidade de boa realização das composições com a experimentação cênica do próprio Itamar. Essa mudança se consolida nos álbuns posteriores, *Bicho de sete cabeças* e *Pretobrás*, nas participações de artistas como Rita Lee, Luiz Melodia, Jards Macalé, e na profusão de figurações sociais em *Pretobrás*.

O livro é finalizado no terceiro bloco, com três textos que mantém o tema da canção, do cancionista, da singularidade e autonomia dessa linguagem artística. No primeiro, "O momento da criação em canção popular", vale notar a questão da criação na canção popular, através do exemplo da forma como Chico Buarque compôs, com Francis Hime, o samba "Vai passar", que viria a se tornar um dos hinos da abertura política do país. Mas que nasce como desdobramento formal das tramas sonoras da melodia que vai, a seu modo, sugerindo sílabas, palavras e versos.

Já o segundo texto, "Vocação e perplexidade do cancionista", explicita a dificuldade de situar, e de se situar, que tem o cancionista em relação ao seu lugar no campo artístico, intelectual e, mesmo, social, devido à sua condição algo imprecisa, nem músico, nem literato. E isso é válido também para o meio acadêmico. O cancionista pode ser tudo, estudante de administração de empresas, filosofia, sociologia, letras, biologia e, quem o sabe, até mesmo de música. Trata-se de um texto de 1983, escrito para o caderno cultural da Folha de S. Paulo, em que já se nota em forma embrionária, e dentro dos limites de um texto feito para o jornal, o que viria a ser a sua tese própria, com conceituação mais precisa, sobre a singularidade da linguagem da canção, tal qual vimos nos dois primeiros textos desse livro.

Por fim, fechamos o livro com *Cancionistas invisíveis*, um texto que concentra o tema nas questões do próprio mercado de canções, ou das tramas complexas da recepção do público. Tatit destaca o lugar dos cancionistas que não têm necessariamente um público de massa, que se expressam em shows em pequenos teatros, mantendo, no entanto, um público permanente, fiel e sempre atento.

Aqui, o crítico, professor e artista da canção parece ecoar uma das suas mais belas composições, "Show", feita com Fábio Tagliaferri. Essa canção foi apresentada, inicialmente, num festival da

TV Globo, no ano 2000, com interpretação da Ná Ozzetti. Também se tornou título de um álbum da mesma cantora, com um repertório de canções da Época de Ouro, além dessa canção.

Para nossos interesses aqui, e como forma de fechar essa pequena apresentação, podemos dizer que o texto e a canção reafirmam, de todo modo que, no fundo, com público de massa ou não, *todos entoam*:

> E quem sonhou
> Sofreu, chorou
> Pode fazer
> De uma só voz
> Um show
> Pode não ser
> Um megashow
> Um festival
> Com multidões
> Mas quem chorou
> Já tem na voz
> Um show

No princípio era o meio

O século XX em foco[1]

ENTRADA NO SÉCULO

A prática musical brasileira sempre esteve associada à mobilização melódica e rítmica de palavras, frases e pequenas narrativas ou cenas cotidianas. Trata-se de uma espécie de oralidade musical em que o sentido só se completa quando as formas sonoras se mesclam às formas linguísticas, inaugurando o chamado gesto cancional. Tudo ocorre como se as grandes elaborações musicais estivessem constantemente instruindo um modo de dizer que, em última instância, espera por um conteúdo a ser dito. Essa espera pode ser muito breve, quando o próprio compositor já se encarrega também da criação dos versos ou a encomenda a um parceiro próximo; pode se prolongar por dez anos — como aconteceu com "Carinhoso", a melodia de Pixinguinha que teve seu ciclo de música instrumental até *se completar* na letra de João de Barro; por sessenta anos — como o choro "Odeon", de Ernesto Nazareth, composto em 1908 e que ganhou letra de Vinicius de Moraes em 1968; ou por um tempo indeterminado, como parece ser o caso de quase todo o repertório musical brasileiro que ainda não se converteu em canção...

Isso não significa a ausência no país de uma tradição eminentemente musical, empenhada em desenvolver recursos que independam de qualquer gênero de oralidade. Acontece que os

---

1. "O século XX em foco" é um capítulo do livro *O século da canção*, publicado em 2004 pela Ateliê Editorial. O livro é um estudo de Luiz Tatit sobre a canção popular produzida no Brasil em todo o século XX. Em "O século XX em foco", o autor propõe uma análise do século passado através de grandes canções que marcaram suas épocas.

resultados obtidos nessa esfera de produção estão longe de representar a principal via da originalidade brasileira, senão pela qualidade em comparação com a criação musical do resto do mundo, pelo menos pela quantidade, pouco expressiva se a confrontarmos com os números exibidos na área da canção. Por isso, preferimos nos ater ao âmbito que se revelou mais fecundo e, consequentemente, mais promissor para a entrada do novo milênio.

A canção brasileira, na forma que a conhecemos hoje, surgiu com o século xx e veio ao encontro do anseio de um vasto setor da população que sempre se caracterizou por desenvolver práticas ágrafas. Chegou como se fosse simplesmente uma outra forma de falar dos mesmos assuntos do dia a dia, com uma única diferença: as coisas ditas poderiam então ser reditas quase do mesmo jeito e até conservadas para a posteridade. Não é mera coincidência, portanto, que essa canção tenha se definido como forma de expressão artística no exato momento em que se tornou praticável o seu registro técnico. Ela constitui, afinal, a porção da fala que merece ser gravada.

Entre o lundu, de origem fincada nos batuques e nas danças que os negros trouxeram da África e desenvolveram no Brasil, e a modinha, cujo caráter melódico evocava trechos de operetas europeias, um gênero apontando para os terreiros e o outro para os salões do século xix — mas ambos já impregnados de sensualidade híbrida que, muitas vezes, os tornavam indistintos —, configura-se a canção do século xx, a esta altura apontando também para um terceiro elemento que se tornaria vital à sua identidade: a letra. Não tanto a letra-poema, típica das modinhas, ou a letra cômico-maliciosa dos lundus, mas a letra do falante nativo, aquela que já nasce acompanhada pela entoação correspondente. Sem nunca deixar de lado o lirismo ou mesmo a comicidade que já reinavam no período oitocentista, a nova letra, que só se consolidou nos anos 1920 com Sinhô, substituiu o compromisso poético pelo compromisso com a própria melodia, ou seja, o importante passou a ser a adequação entre o que era dito e a maneira (entoativa) de dizer, bem mais que o valor intrínseco da letra como poema escrito ou declamado.

Justamente por não ser nem demasiadamente percussiva nem demasiadamente *musical*, como o chorinho, por exemplo, que se nutria de requintadas sutilezas instrumentais, essa nova canção ganhou, como já expusemos, a concorrência para as primeiras gravações. Dos batuques emanavam um volume de som incompatível com os parcos recursos de gravação implantados pelos primeiros grupos de fonógrafos que aportaram no Rio de Janeiro. De outra parte, os mestres do chorinho e de outros gêneros de música escrita não viam razão para trocar sua forma precisa de registro em partitura pelos meios fonomecânicos rudimentares que jamais expressariam todos os matizes musicais de suas composições. As canções, ao contrário, por estarem baseadas numa oralidade de natureza instável — também já vimos que a entoação da fala tende a desaparecer assim que a mensagem do texto é transmitida —, precisavam da gravação como recurso de fixação das obras que, até então, quando não se perdiam nas rodas de brincadeira, passavam a depender exclusivamente da boa memória de seus praticantes.

Assim, ao convidar cantores de música popular, como Cadete e Baiano, para testar a nova tecnologia de registro sonoro, o pioneiro Frederico Figner não sabia que, para solucionar o problema prático de inserção de um produto no mercado, estava consagrando definitivamente a oralidade brasileira. Realmente, a partir desse instante, jamais se interrompeu o fluxo de criação e perpetuação das formas cantáveis da fala, gerando no Brasil uma das tradições cancionais mais sólidas do planeta.

PRINCÍPIO ENTOATIVO

Um fenômeno recorrente na história da canção brasileira chama a atenção dos pesquisadores que empreendem seus estudos pelo viés musical. Por mais que os ambientes sonoros, nos quais surgiram as melhores obras do repertório nacional, tenham sido marcados pela presença de músicos competentes, maestros arranjadores ou instrumentistas notáveis, o centro de criação dessas obras sempre esteve nas mãos de outros artistas, amplamente reconhecidos como compositores e letristas de sucesso, que em geral exibiam pouca intimidade com a linguagem musical. Evidente que quase todos dispunham de boa musicalidade, no sentido de reter melodias na memória, reproduzir ritmos percussivos, tocar instrumentos de ouvido, mas isso não significa que conseguissem traduzir intelectualmente o que eles próprios realizavam. As chamadas divisões de compasso, a concepção harmônica, a orquestração e, no final das contas, a partitura escrita sempre ficavam a cargo dos especialistas, que, por sua vez, embora fossem mestres em estabelecer essas conversões e em corrigir soluções malformadas, não ousavam assumir o papel desses artistas *despreparados* na fase da criação. Os músicos conhecedores da tradição escrita, mas que tiravam o seu sustento de atividades na faixa popular, sempre devotaram especial respeito aos compositores que sabiam aliar melodias a letras independentemente de seu nível de formação musical.

Isso configura um sintoma precioso para calibrar os critérios de avaliação dessa produção popular. Antes de tudo, o que assegura a adequação entre melodias e letras e a eficácia de suas inflexões é a base entoativa. De maneira geral, as melodias de canção mimetizam as entoações da fala justamente para manter o efeito de que cantar é também dizer algo, só que de um modo especial. Os compositores baseiam-se na própria experiência como falantes de uma língua materna para selecionar os contornos compatíveis com o conteúdo do texto. Tal princípio entoativo é, ao mesmo tempo, simples e complexo.

É simples porque o foco de sentido de uma curva entoativa concentra-se sobretudo em sua finalização, ou seja, nas inflexões que antecedem as pausas parciais ou o silêncio derradeiro. Essas inflexões, denominadas tonemas, podem ser descendentes, ascendentes ou suspensivas, quando sustentam a mesma altura. A descendência está cultural e tradicionalmente associada a conclusões de ideias. A distensão da curva indica que, em princípio, não há nada a acrescentar. É evidente que, por contraste, as duas outras formas, ascendente e suspensiva, perfazem a tensão típica da continuidade: ou temos uma pergunta, explícita ou implícita, ou temos a informação sub-reptícia de que o discurso deve prosseguir, ou, ainda, temos o indício de que algo ficou suspenso. Ao adotar espontaneamente esses tonemas da fala cotidiana, fazendo-os coincidir — também espontaneamente — com os momentos afirmativos, continuativos e suspensivos da letra, o compositor já responde por uma compatibilidade natural entre os dois componentes da canção, e já determina um primeiro grau de cumplicidade com o ouvinte que reconhece, em geral também sem ter consciência, os recursos típicos de sua língua materna.

Mas esse princípio entoativo possui igualmente uma dimensão mais complexa. Além do paralelismo já mencionado entre frases ou versos e suas respectivas entoações, que permanece de fundo em toda e qualquer canção, há encaminhamentos melódicos de largo alcance que expandem as enunciações para ascendências ou descendências distantes, de maneira que os segmentos parciais passam a ser definidos também pela direção extensa com a qual estão comprometidos. E, durante o percurso melódico, outros recursos vão sendo ativados, prestigiando ora a configuração rítmica, ora a orientação melódica. No primeiro caso, temos a forma concentrada de composição: a elaboração musical tende para a construção de temas e de refrões, como marchinhas de carnaval, música axé e toda a sorte de canções dançantes. No segundo, temos a forma expandida em que os motivos melódicos tendem a se diluir em favor das trajetórias realçadas pela evolução mais lenta das notas musicais, como no caso dos boleros e das canções românticas em geral.

Os cancionistas são os artesãos dessa forma de compor que tem por base — entre outras coisas, mas acima de tudo — as inflexões entoativas da fala cotidiana. São os herdeiros de Cadete e de Baiano, e ostentam como habilidade principal a criação de melodias e letras fortemente compatibilizadas, sem que, para isso, disponham necessariamente de formação musical ou literária. Embora nada devessem à tradição escrita da música e da literatura, muitos cancionistas dos primeiros tempos, como Catulo da Paixão Cearense, Cândido das Neves, Heckel Tavares, Orestes Barbosa ou mesmo, nos anos 1930, Ary Barroso, sentiam um certo desgosto por não praticar uma arte já suficientemente reconhecida pelos povos colonizadores. Isso transparece em melodias grandiosas ou em versos empolados produzidos por esses artistas, como que tentando dizer que os grandes conteúdos não podiam ser expressos por um formato tão singelo como o da canção. Ao mesmo tempo, defendiam a linguagem popular para o tratamento dos assuntos cotidianos e, assim, acabavam por produzir uma obra desigual, mas nem por isso menos importante para a consolidação da prática que se iniciara com o século. Outros, como Noel Rosa, Ismael Silva, Wilson Batista, Lamartine Babo ou Assis Valente, jamais manifestaram qualquer indício de frustração com a militância cancional. Noel, por exemplo, dedicou inúmeras letras ao tema do *orgulho em ser sambista*, o que constituía um signo de altivez e de total segurança com relação ao poder de sedução da nova linguagem.

OS CANCIONISTAS

Os cancionistas firmaram-se de vez na década de 1930. A vasta produção desse período consagrou a entoação da linguagem oral como centro propulsor de todas as soluções melódicas que resultaram nos gêneros e estilos até hoje praticados. Bem mais poderosa que os tradicionais recursos enunciativos de ancoragem na primeira pessoa, no *eu lírico*, a entoação atrela a letra ao próprio corpo físico do intérprete por intermédio da voz. Ela acusa a presença de um *eu* pleno, sensível e cognitivo, conduzindo o conteúdo dos versos, e inflete seus sentimentos como se pudesse traduzi-los em matéria sonora. De posse dessa força entoativa, e valendo-se do poder de difusão das ondas radiofônicas, os cancionistas se esmeraram em fazer dos intérpretes personagens definidos pela própria entoação. Ouvia-se, então, a voz do malandro, a voz do romântico, a voz do traído, a voz do embevecido, a voz do folião, todas revelando a intimidade, as conquistas ou o modo de ser do enunciador.

A partir desse princípio geral, foram se estabilizando os tipos de compatibilidade entre melodia e letra já mencionados anteriormente. Melodias que tendiam à contração, seja pelo andamento acelerado, seja pelas frequentes reiterações temáticas, serviam às letras de celebração das uniões, das aquisições, enfim, dos estados de plenitude. "Chiquita bacana", de João de Barro e Alberto Ribeiro, "Camisa listrada", de Assis Valente, e "Samba da minha terra", de Dorival Caymmi, são exemplos de canções, concentradas no refrão, cujas entoações cíclicas indicam identidade entre elementos melódicos, do mesmo modo que, na letra, os sujeitos aparecem em perfeita conjunção com os respectivos objetos de desejo. Melodias que tendiam à expansão lenta de seu percurso no campo de tessitura, apontando para regiões sonoras mais distantes dos refrões, pediam letras que de alguma forma configuravam situações disjuntivas, de abandono, mas com horizontes de conjunção projetados tanto sobre o passado — saudades, lembranças etc. — como sobre o futuro — esperanças, projetos etc. "O ébrio", de Vicente Celestino, "Pra machucar meu coração", de Ari Barroso, e "Lábios que beijei", de J. Cascata e Leonel Azevedo, contêm esse tipo de melodia que se desdobra vagarosamente em rotas evolutivas, descrevendo musicalmente as tensões disjuntivas, da perda ou da falta do objeto, responsáveis pelas emoções do sujeito no plano da letra. Outras melodias ainda mantinham relativamente desativados seus recursos de concentração temática ou de expansão passional dos contornos para apresentar, *hic et nunc*, a voz do enunciador dizendo algo considerado oportuno. Com inflexões similares às da linguagem oral cotidiana, essas melodias geralmente conduziam *letras de situação*, aquelas que simulam que alguém está falando diretamente com alguém em tom de recado, desafio, saudação, ironia, lamentação, revelação etc. "Palpite infeliz" ou "Até amanhã", de Noel Rosa, "Minha palhoça", de J. Cascata, e "Acertei no milhar", de Wilson Batista e Geraldo Pereira, são canções típicas desse estilo cancional, o mais próximo da raiz entoativa.

Percebendo a força enunciativa da canção popular no final da década de 1930, o Estado Novo de Getúlio Vargas chegou a encomendar aos compositores temas mais *edificantes* e, sobretudo, posturas mais disciplinadas e pedagógicas para os personagens gerados na instância do *eu*. Seria útil ao regime ditatorial recém-instalado que os influentes enunciadores da canção trocassem o tema da orgia, do amor e do samba pelo do trabalho e da vida regrada. Quanto ao samba, este já estava de tal forma disseminado na vida do povo brasileiro que tentar substituí-lo por gêneros de música culta seria um ato condenado ao fracasso.

Embora contasse com a adesão — provavelmente interessada — de alguns poucos compositores populares, a empresa não pôde prosperar já que, em última instância, os propósitos governamentais abalariam a própria compatibilidade entre melodia e letra. Não é difícil forjar um tema e um comprometimento enunciativo na letra. O embaraço está em sustentar uma simulação melódica. A entoação, como já vimos, descreve sem intermediação o perfil do enunciador, com todas as crenças, convicções — inscritas, por exemplo, nas descendências asseverativas —, dúvidas, ironias, hesitações, enfim, com todas as modalidades afetivas e cognitivas que definem a personalidade do sujeito. Essa espécie de *sinceridade* melódica não pode ser dissimulada por muito tempo, sob pena de esmorecer o próprio gesto composicional. Foi assim que as canções de sucesso continuaram exaltando os valores pouco ortodoxos do povo boêmio, expressando-se pelas três principais vias — temática, passional e enunciativa — examinadas anteriormente e fazendo das décadas de 1940 e 1950 o período de sua grande difusão radiofônica por todo o Brasil.

A ERA MODERNA

A partir de 1955, disputando o mercado com o bolero e o tango que aqui aportavam, os produtores e intérpretes passaram a encomendar aos compositores cada vez mais sambas-canções — a versão brasileira dos gêneros hispano-americanos —, no ensejo de conquistar o imenso público que se formava em torno desse segmento passional. Se por um lado o projeto teve êxito, por outro gerou significativa perda de audiência no âmbito dos jovens, principalmente entre os estudantes. Quando não vem compensada pelos recursos da tematização e da enunciação oral, a dicção romântica corre o risco de adquirir excessos sentimentais que beiram o melodrama. Isso costuma afastar o público — em geral, mais abastado — que se envolve de forma mais objetiva e técnica com o mundo musical. Tal perspectiva mais a notória influência do cool jazz absorvida por importantes nomes que começavam a ingressar, desde o início da década, no cenário musical brasileiro — Dick Farney, Lúcio Alves, Johnny Alf, Tom Jobim — deram condições para a primeira tomada de posição estética ocorrida no interior da música popular brasileira. Por volta de 1958, em plena euforia do período JK, alguns violonistas, pianistas e cantores muito jovens, a maioria proveniente da classe média carioca e dos circuitos universitários, celebravam o nascimento da bossa nova. Foi o primeiro movimento com núcleo na música popular que se espraiou por vários setores da sociedade brasileira, do estético ao político, fundando um novo modo de ser.

Importa-nos comentar as principais dicções que deram personalidade estética ao movimento: a de Tom Jobim e a de João Gilberto. Ao compor "Tereza da praia", de 1954, com o sambista Billy Blanco, Tom Jobim já anunciava a prática, que seria uma constante no período seguinte, de substituir a oratória passional pela linguagem coloquial. Ainda se atendo às generosas inflexões melódicas em voga, os autores não deixavam de reativar as entoações em sua expressão mais adequada ao diálogo natural e direto. Além disso, o compositor carioca enveredava pelas dissonâncias provenientes do jazz com a função precípua de condensar efeitos emocionais, antes inscritos na vasta expansão dos contornos e no encadeamento harmônico de base das canções. O emprego dos novos acordes sugeria novas direções — e, portanto, novos sentidos — melódicas que jamais poderiam constar das sequências de tríades perfeitas até então adotadas. Aos poucos, Jobim foi também eliminando do acompanhamento toda a sorte de notas supérfluas que não contribuíssem diretamente para a caracterização da função harmônica.

A única maneira de apreciar essa nova canção, com os parâmetros da época, era por aproximação às soluções musicais norte-americanas que, no pós-guerra, tornaram-se modelo de qualidade em todas as culturas que as consumiam pelas rádios, pelos filmes de Hollywood ou pelos discos importados. Mas ficou claro com o tempo que o verdadeiro gesto de Jobim apontava para outra direção. Toda a influência do jazz foi utilizada na reabilitação das dicções, enunciativa e temática, que vinham sendo sistematicamente neutralizadas pelo sucesso popular da dimensão passional.

Essa intervenção na música brasileira fica ainda mais definida com a participação radical do violonista e intérprete baiano João Gilberto. Esse cancionista adota a nova inteligência harmônica que impregnava nossa música dos anos 1950, mas a incorpora em acordes compactos que, no violão, favorecem a condução percussiva. Com isso, reencontra a batida do samba sem precisar enfatizar seus tempos fortes que, a esta altura, já eram considerados suficientemente assimilados pela cultura musical brasileira. Mencionamos também o *toque de tamborim* que o cantor incorpora em sua batida, e mesmo o ajuste da voz, calibrada no volume da fala cotidiana, que se adapta à articulação precisa das unidades temáticas, deixando-as flutuar sobre a batida de fundo dos acordes sem muita dependência rítmica. Falta comentarmos sua escolha das letras. João Gilberto dispensa todo e qualquer excesso que possa resvalar no dramático, e passa a escolher canções que falem do próprio gênero — "Samba da minha terra", de Dorival Caymmi, "Samba de uma nota só", de Tom Jobim e Newton Mendonça —, que tratem de conteúdos leves, quase infantis — "Lobo bobo", de Carlos Lyra, "O pato", de Jayme Silva e Neuza Teixeira, e "Bolinha de papel", de Geraldo Pereira — ou de amores que fluem ou tendem a fluir sem sofrimento passional — "Amor em paz", de Tom Jobim e Vinicius de Moraes, e "Corcovado", de Tom Jobim.

Nesse sentido, a bossa nova de Tom Jobim e João Gilberto aprumou a canção brasileira expondo o que lhe era essencial. Essa triagem dos traços fundamentais deu origem ao que hoje podemos chamar de protocanção, uma espécie de grau zero que serve para neutralizar possíveis excessos passionais, temáticos ou enunciativos. Isso não significa que os excessos não sejam bem-vindos, ou que não garantam a saúde da linguagem cancional. São eles que transpõem os limites consagrados pelo uso e pelo senso comum. São eles que ultrapassam as barreiras dos gêneros e dos estilos, pondo em risco a própria existência da linguagem como campo específico de comunicação. Sem os excessos a canção perderia sua força de experimentação, tanto estética como comercial. Mas a bossa nova, cuja marca é justamente a da decantação, não os suporta. Toda vez que um cancionista — roqueiro, pagodeiro, tecno, sertanejo, vanguardista etc. — sente a necessidade de fazer um recuo estratégico para recuperar as linhas de força essenciais de sua produção, o principal horizonte que tem à disposição é a bossa nova. Ela oferece elementos para decantar o gesto fundamental dos artistas dos sedimentos passionais, maneiristas, ou mesmo viciosos, que muitas vezes imobilizam o trabalho musical. Não se trata de compor como Tom Jobim ou de cantar como João Gilberto, mas sim de descobrir os fatores básicos e determinantes do próprio estilo. Quase todos os grandes nomes do final do século xx — como Caetano Veloso, Rita Lee, Cazuza, Gal Costa, Titãs, Gilberto Gil, Tim Maia etc. — já tiveram seu período bossa nova. A série de gravações *acústicas* promovida pela MTV brasileira a partir dos anos 1990 não deixava de ser uma proposta bossa nova para revitalizar a carreira dos artistas.

Com o encerramento da era de Juscelino e o crescimento dos conflitos políticos, acirrados pela evolução das forças de esquerda no país, a canção brasileira entrou nos anos 1960 manifestando progressiva tendência ao engajamento ideológico. Os herdeiros da bossa nova, aliados aos novos expoentes do teatro e do cinema da época, procuraram dar mais consequência a seus trabalhos a partir de um contato direto com o samba e com os sambistas de raiz. Sob a direção de Augusto Boal, Nara Leão apresentou, em 1964, com Zé Keti e João do Vale, o show *Opinião*. Pouco depois, sob o comando de Elis Regina, o programa *O Fino da Bossa*, promovido pela TV Record de São Paulo, tornou-se a residência *oficial* da música brasileira, que, uma vez por ano, fazia dos célebres festivais da música popular brasileira o seu campo de batalha. Foi quando surgiu a expressão MMPB, Moderna Música Popular Brasileira, depois reduzida para MPB, cuja correspondência com siglas de partidos políticos não era de todo casual.

Especialmente imbuídos da dicção de Tom Jobim e de João Gilberto, os compositores Caetano Veloso e Gilberto Gil começaram a depreender da música popular uma conduta excessivamente unidirecional, do ponto de vista estilístico e ideológico, que chegava restringir e até certo ponto estereotipar a criação brasileira. Para tratar de conteúdos nacionais, em que predominava a utopia de uma nova sociedade em um novo tempo, boa parte dos compositores havia apostado na recriação de uma música fundada em motivos folclóricos, em contextos rurais e em instrumental típico de certas regiões, atrelando a desejada revolução político-social à consciência da própria identidade e à autenticidade dos valores defendidos. Todos os autores da MPB participavam, com maior ou menor convicção, desse ideário cujas diretrizes, embora não explicitadas, eram acatadas como senha de um comportamento de esquerda.

Tal conduta unidirecional, que se convertera em verdadeira

bula para a produção de canções competitivas no âmbito dos festivais, não era em si um problema para a sonoridade brasileira. Afinal, surgiram compositores de grande fôlego criativo, como Edu Lobo, Milton Nascimento etc., bem como obras antológicas, calcados nesse espírito da época. O que incomodava os ouvidos dos futuros tropicalistas era a progressiva atitude de exclusão adotada pela MPB. Não havia lugar para o rock internacional, que vivia um apogeu admirável com os fenômenos Beatles, Rolling Stones, Janis Joplin e Jimi Hendrix, entre outros, e muito menos para a singela réplica nacional dessa música lançada pela despretensiosa Jovem Guarda. Também não havia espaço para a canção passional, considerada *cafona*, ou *brega*, como passou a ser chamada mais tarde, e tão *alienada* quanto a da Jovem Guarda, para o samba coloquial — aquele que, em última instância, transmitia a fala popular do malandro — e, a esta altura, nem mesmo para a bossa nova, com suas letras dessemantizadas.

Se essa atitude exclusivista não pode ser atribuída indiscriminadamente a todos os representantes da MPB sediados à época na TV Record de São Paulo — Chico Buarque, por exemplo, jamais agiu nessa direção —, certamente ela caracterizou a intervenção da linha de frente do movimento como um todo, ocupada pela canção de protesto, e se instalou simbolicamente em pequenos gestos de artistas que mantinham incontestável liderança musical no meio; Geraldo Vandré, porta-voz-mor da música destinada à *conscientização das massas*, talvez tenha sido o caso mais típico de manifestação dessa atitude.

É evidente que as tais condutas exclusivistas não constituíam estratégia previamente equacionada por seus líderes, como se dá constantemente na área política ou publicitária, com o propósito deliberado de vencer a concorrência. Tudo indica que os representantes do segmento *protesto* acreditavam sinceramente que a ocupação dos disputados espaços no mundo da canção por uma ala revolucionária, no sentido político do termo, seria algo de grande importância para o país. Como sempre, porém, nos meios escolhidos para se atingir o objetivo final de transformação, ficam consignadas as intenções inconscientemente mascaradas e que, com o tempo, vão se revelando até mesmo a seus próprios portadores.

Um dos méritos dos tropicalistas foi o de intuir, no calor da hora, a existência do projeto de exclusão e aplicar-lhe *incontinenti* o antídoto adequado. Caetano e Gil apostaram então todas as suas fichas na diversidade, no reconhecimento de todos os estilos que compuseram a sonoridade brasileira, sem qualquer restrição de ordem nacionalista, política ou estética. Mais do que isso, os compositores incorporaram o mercado e suas leis tipicamente capitalistas como um aliado na luta por essa pluralidade musical. Entre as primeiras medidas tropicalistas de impacto estavam, portanto, as visitas de seus líderes aos programas do Roberto Carlos e do Chacrinha.

Do ponto de vista musical, as composições também deixavam transparecer os sinais da fusão intensamente promovida. Os acordes dissonantes difundidos pela bossa nova, e tão presentes no nascedouro das carreiras de todos os herdeiros de João Gilberto, cederam lugar às tríades perfeitas pré-bossa nova, não por uma volta ao passado, mas porque caracterizavam o limitado universo musical da Jovem Guarda, bem como o do rock internacional. Canções como "Baby" ou "Objeto não identificado", de Caetano Veloso, lançadas no auge do movimento, ilustram bem a nova adoção tropicalista. Nas letras, reinavam as justaposições quebrando a hierarquia sintática das frases ao lado de temas *improváveis* na tradição cancional brasileira: atitudes existenciais, modernidade científica e mercadológica, e toda a sorte de simbologia. O que, por outro lado, impedia uma aproximação pura e simples entre tropicalismo e Jovem Guarda.

A reinterpretação de canções consagradas do repertório brasileiro, por sua vez, passou a ter sabor de manifesto, de anexação de setores esquecidos, marginais ou estigmatizados para o centro do movimento tropicalista. Essa prática foi sendo sistematicamente reiterada, sobretudo, por Caetano Veloso, desde sua versão de "Coração materno", de Vicente Celestino, incluída no LP Tropicália, até o sucesso retumbante de "Sozinho", de Peninha, nos anos 1990, ambas recuperadas de área excluída pela elite cultural. E nesses mais de trinta anos que separam a primeira da segunda gravação, Caetano propôs versão para "Carolina", de Chico Buarque — nesse caso, especificamente, criando-lhe arestas interpretativas que abalavam a perfeição consensual da gravação original —, para "Charles, Anjo 45", de Jorge Ben Jor, "Chuvas de verão", de Fernando Lobo, "Asa branca", de Luiz Gonzaga e Humberto Teixeira, "Tu me acostumbraste", de F. Dominguez, "Na asa do vento", de L. Vieira e João do Vale, "Vampiro", de Jorge Mautner, "Amanhã", de Guilherme Arantes, "Fera ferida", de Erasmo Carlos e Roberto Carlos, e para canções dos Beatles, de Michael Jackson, de Bob Dylan e para numerosas outras composições, sempre nesse espírito de expansão do território tropicalista.

EXPANSÃO DOS GESTOS BOSSA NOVA E TROPICALISTA

A bossa nova foi um movimento musical que teve seu apogeu no final dos anos 1950 e início dos 1960, e foi perdendo o ímpeto estético com a partida de seus maiores expoentes, Tom Jobim e João Gilberto, para os Estados Unidos. O período heroico do tropicalismo, por sua vez, transcorreu nos últimos anos da década de 1960, e foi se desfazendo como intervenção social também com a partida — o exílio, neste caso — para a Inglaterra de alguns de seus principais promotores, Caetano Veloso e Gilberto Gil, isso sem contar o *enterro* simbólico do movimento praticado por seus próprios representantes ao cabo de mais ou menos dois anos de sua implantação. Se o período explosivo de ambos os movimentos foi relativamente breve, o poder de influência de suas principais características sobre toda a produção brasileira posterior parece perene.

De fato, o gesto de recolhimento e depuração da bossa nova e o gesto de expansão e assimilação do tropicalismo tornaram-se seiva que realimenta a linguagem da canção popular toda vez que esta claudica por excesso ou por espírito de exclusão.

Há excesso quando a canção *diz mas não convence*, em geral por ignorar o princípio entoativo. O gênero se sobrepõe à particularidade da composição de tal modo que já nos acordes introdutórios ou na levada instrumental temos todos os elementos — de melodia e de letra — que deverão comparecer ao longo da canção, como se esta tivesse de obedecer a uma conduta preestabelecida. Na faixa passional, já mencionamos exemplos históricos significativos: boa parte dos sambas-canções do decênio de 1950 e do canto sertanejo dos anos 1990. Na série temática, a hegemonia do rock na década de 1980, ou, posteriormente, da música axé, trouxe casos inequívocos de exacerbação estilística. O mesmo poderia suceder com o rap — expressão radical da forma enunciativa de compor — se, por ventura, se tornasse a bola da vez na mídia televisiva e radiofônica.

O repertório excessivo passa a não mais convencer porque as soluções melódicas surgem mais comprometidas com o gênero do que com a letra. São concebidas para *fazer sentimento* no caso passional, ou para fazer dançar no caso temático, sem traduzir uma forma singular de dizer o conteúdo linguístico. Desse modo, as canções deixam de ser especiais e se contentam com uma audição em bloco. Não havendo nuanças entoativas, a atenção se dispersa e se embala no que poderíamos chamar de *efeito muzak*. Só uma atitude bossa nova pode recuperar a raiz oral perdida nos meandros do gênero.

Por isso, a bossa nova está impregnada na atividade de cada compositor ou intérprete popular, e se manifesta geralmente em seus momentos de revisão crítica do próprio trabalho. Está em cada novo disco de João Gilberto, não por ser a figura maior da fase heroica do movimento, mas por revigorar, apenas com voz e violão, cada sílaba, cada palavra e cada entoação das composições que incorpora ao repertório. Está em propostas arrojadas de reinterpretação que remanejam canções de uma determinada faixa de audição para outra mais refinada: Caetano Veloso interpretando "Asa branca", "Sonhos" ou "Sozinho"; Maria Bethânia interpretando "É o amor", Jorge Ben Jor interpretando "Pois é" etc. Está, até mesmo, em grandes iniciativas empresariais, como os já mencionados projetos acústicos e as reedições dos célebres festivais da música popular brasileira, que têm a função essencial de estabelecer, vez por outra, uma triagem nas produções do mercado musical.

Há um espírito de exclusão no mundo da música popular quando algumas modalidades cancionais — de ordem passional, temática ou enunciativa — são segregadas e, em certa medida, estigmatizadas pelas formas hegemônicas no mercado ou pelas formas de maior prestígio no âmbito da elite popular. Esse processo de exclusão atinge igualmente os gêneros de sucesso, tradicionais ou da moda, e as chamadas produções alternativas. No caso destas, é fácil entender. O mercado chega a um tipo de música correspondente a um padrão de vendas, e sonega espaço e oportunidades para o ingresso de outros modos de *fazer música*. Só quando o modelo exaure surgem as formas substitutivas que devem reproduzir mais uma vez o êxito já conquistado. Essa atividade bloqueia uma gama expressiva de conteúdos sociais e psíquicos que, a partir de um certo ponto, começam a despontar aqui e ali, em pequenos eventos, como expressão de uma espécie de guerrilha musical. Nessa linha, assistimos às intervenções experimentais de músicos paulistas no início dos anos 1980, à emergência do rock nacional durante a mesma década, ao movimento mangue beat nos anos 1990, juntamente com as explosões criativas de Carlinhos Brown, Arnaldo Antunes, Lenine e Chico César, entre outros.

Mas há também a estigmatização dos gêneros de sucesso pelo fato de fazerem...sucesso. Tom Jobim já havia denunciado essa prática na fase derradeira de sua vida. Como a reprodução em série exige uma dose considerável de padronização, as canções preparadas para o consumo de massa chegam ao mercado com características bastante previsíveis, o que desagrada profundamente à elite popular. Ofuscados pelo brilho das cifras astronômicas, dos megaeventos e da cumplicidade do povo desprevenido, os representantes dessa elite não conseguem enxergar aspectos positivos nesses empreendimentos vultosos que tomam de assalto os principais meios de comunicação.

Ora, o gesto tropicalista não admite esse tipo de exclusão. Assim como parte da população precisa dos conteúdos veiculados pelas produções diferenciadas e de menor alcance em termos de consumo, outra parte (quantitativamente bem maior) necessita visceralmente dos *excessos* eufóricos ou românticos divulgados no grande mercado musical. E não se trata apenas de fabricação de gosto. Dos incontáveis empreendimentos associados a grupos e artistas, somente alguns vingam por encontrar respaldo no anseio popular. Segundo o tropicalismo, precisamos de todas as dicções — comerciais ou não comerciais — para que a linguagem funcione em sua plenitude. Caetano Veloso e Gilberto Gil, representantes incontestáveis da canção *de qualidade*, jamais deixaram de flertar com a música comercial e, de quando em quando, promovem um rico intercâmbio entre as diferentes faixas de consumo.

Em suma, tropicalismo e bossa nova tornaram-se a régua e o compasso da canção brasileira. Por isso, são invocados toda vez que se pede uma avaliação do século cancional do país. É como se o tropicalismo afirmasse: precisamos de todos os modos de dizer; e a bossa nova completasse: e precisamos dizer convincentemente.

Em época de exclusão, prevalece o gesto tropicalista no sentido de retomar a pluralidade. Em época de excesso de maneirismos estilísticos e de abandono do princípio entoativo, o gesto bossa nova refaz a triagem e decanta o canto pertinente. Ambos os gestos atuam na própria mente dos compositores e cantores impelindo-os, ao mesmo tempo, para a diversidade e para o apuro técnico e estético. É provável que ainda sobrevivam no decorrer do século XXI, como componentes críticos inerentes ao próprio ofício de composição, arranjo e interpretação de música popular, e como responsáveis pelo eterno trânsito do cancionista entre o gosto de depuração e o desejo de assimilação.

É evidente que os próprios compositores e músicos de modo geral jamais tiveram consciência dessa matriz entoativa subjacente às canções. Seu uso era totalmente espontâneo e, em larga medida, camuflado pelos recursos musicais de fixação das obras. Trata-se, portanto, de uma constatação retrospectiva proveniente de um enfoque analítico.

Como essas ocorrências são cíclicas, vez por outra revivemos situação semelhante, ainda que inserida em diferente contexto histórico, mercadológico e estético. A hegemonia do samba-canção dos anos 1950 pode ser associada, guardadas as devidas proporções de consumo, ao boom da música sertaneja no início da década de 1990.[2]

---

2. Cf. artigo de Walnice N. Galvão, "MMPB: uma análise ideológica", escrito em 1968 e reunido mais tarde na coletânea de sua autoria intitulada *Saco de gatos. Ensaios críticos*. São Paulo: Melhoramentos/ Edusp, 1976.

Dicção do cancionista[1]

GESTUALIDADE ORAL

O cancionista mais parece um malabarista. Tem um controle de atividade que permite equilibrar a melodia no texto e o texto na melodia, distraidamente, como se para isso não despendesse qualquer esforço. Só habilidade, manha e improviso. Apenas malabarismo. Cantar é uma gestualidade oral, ao mesmo tempo contínua, articulada, tensa e natural, que existe um permanente equilíbrio entre os elementos melódicos, linguísticos, os parâmetros musicais e a entoação coloquial. O cancionista é um gesticulador sinuoso com uma perícia intuitiva muitas vezes metaforizada com a figura do malandro, do apaixonado, do gozador, do oportunista, do lírico, mas sempre um gesticulador que manobra sua oralidade, e cativa, melodicamente, a confiança do ouvinte. No mundo dos cancionistas não importa tanto o que é dito mas maneira de dizer, e a maneira é essencialmente melódica. Sobre essa base, o que é dito torna-se, muitas vezes, grandioso.

E na junção da sequência melódica com as unidades linguísticas, ponto nevrálgico de tensividade, o cancionista tem sempre um gesto oral elegante, no sentido de aparar as arestas e eliminar os resíduos que poderiam quebrar a naturalidade da canção. Seu recurso maior é o processo entoativo que estende a fala ao canto. Ou, numa orientação mais rigorosa, que produz a fala no canto.

1. Primeiro capítulo do livro *O cancionista: composição de canções no Brasil*, foi transcrito a partir da segunda edição, publicada em 2002, pela Edusp. Neste texto, Luiz Tatit analisa a canção brasileira através da percepção da fala. Em seus outros capítulos, a obra se debruça sobre grandes canções de nomes da música popular brasileira, como Noel Rosa, Lamartine Babo, Ary Barroso, Dorival Caymmi, Lupicínio Rodrigues, Luiz Gonzaga, Tom Jobim, Roberto Carlos, Jorge Bem Jor, Chico Buarque e Caetano Veloso.

As tensões de cada contorno ou de seu encadeamento periódico são configurações locais mais importantes que as tensões harmônicas que mergulham as canções no sistema tonal. As tensões locais distinguem as canções. O arranjador cancionista põe as tensões gerais da polaridade tonal a serviços das tensões locais de emissão das unidades linguístico-melódicas. É quando os acordes servem para desengatar e engatar os significados de cada momento. É quando a harmonia colabora para a expressão fórica — euforia ou disforia — de cada contorno. É quando se ouve verdadeiramente cada acorde que João Gilberto produz.

As tensões locais são produzidas diretamente pela gestualidade oral do cancionista, compositor ou intérprete, quando se põe a manobrar, simultaneamente, a linearidade contínua da melodia e a linearidade articulada do texto. O fluxo contínuo da primeira adapta-se imediatamente às vogais da linguagem verbal mas sofre o atrito das consoantes que interrompem sistematicamente a sonoridade. Uma força de continuidade contrapõe-se, assim, a uma força de segmentação — em fonemas, palavras, frases, narrativas, e outras dimensões intelectuais —, fundando um princípio geral de tensividade que a habilidade do cancionista vai administrar e disseminar ao longo da obra.

O compositor, como bom malabarista, aproveita em geral a força das duas tendências excitando ora a continuidade, ora a segmentação.

Quando prolonga sensivelmente a duração das vogais e amplia a extensão da tessitura e dos saltos intervalares, cai imediatamente o andamento da música, desvaliando com nitidez e destaque cada contorno melódico. É a tensão que se expande em continuidade, explorando as frequências agudas, com o aumento de vibrações das cordas vocais, e a capacidade de sustentação de notas, quanto ao fôlego e à energia de emissão. É a tensão do perfil melódico, em si, que alinhava as vogais. Trata-se, pois, de um leve deslocamento de tensividade em favor da frequência, contribuindo, para transformar todo o caráter da canção e fazer com que a continuidade progressiva da melodia se desacelere e se esvazie dos estímulos somáticos próprios da ação humana. É quando o cancionista não quer a ação mas a paixão. Quer trazer o ouvinte para o estado em que se encontra. Nesse sentido, ampliar a duração e a frequência significa imprimir na progressão melódica a modalidade do *ser*.

Mas o deslocamento pode ser no sentido inverno. Reduzindo a duração das vogais e o campo de utilização das frequências, o cancionista produzirá uma progressão melódica mais veloz e mais segmentada pelos araques insistentes das consoantes. Os contornos são, então, rapidamente transformados em motivos e processados em cadeia. O centro de tensividade instala-se na ordenação regular da articulação, na periodicidade dos acentos e na configuração de saliências, muito bem identificadas como temas. A aceleração dessa descontinuidade melódica, cristalizada em temas reiterativos, privilegia o ritmo e sua sintonia natural com o corpo: de um lado, as pulsações orgânicas de fundo (batimento cardíaco, *inspiração* e *expiração*) refletem de antemão a periodicidade, de outro, a gestualidade física reproduz visualmente os pontos demarcatórios sugeridos pelos acentos auditivos. Daí o tamborilar dos dedos, a marcação do tempo com o pé, ou com a cabeça e o envolvimento integral da dança espontânea ou projetada. A concentração de tensividade na pulsação, decorrente da reiteração dos temas, tende a um encontro com o gênero explícito: o xote, o samba, a marcha, o rock, etc. É a vigência da ação. É a redução da duração e da frequência. É a música modalizada pelo *fazer*.

A grandeza do gesto oral do cancionista está em criar uma obra perene com os mesmos recursos utilizados para a produção efêmera da fala cotidiana. As tendências opostas de articulação linguística e continuidade melódica são neutralizadas pelo gesto oral do cancionista que traduz as diferenças em compatibilidade. Num lance óbvio de aproveitamento dos recursos coloquiais, faz das duas tendências uma só dicção. E tudo soa natural, pois a maleabilidade do texto depende do tratamento entoativo. Um texto bem-tratado é sempre um bom texto. A melodia entoativa é o tesouro óbvio e secreto do cancionista.

A ordenação em nível de frequência e duração não é suficiente para sustentar uma canção. O tripé estabiliza-se com a definição do timbre vocal. E o timbre aqui não significa apenas um parâmetro do som mas toda a competência e perícia investidas aí. Identificar um timbre é identificar a potência do gesto. É o reconhecimento do cancionista na canção.

Compor uma canção é procurar uma dicção convincente. É eliminar a fronteira entre o falar e o cantar. É fazer da continuidade e da articulação um só projeto de sentido. Compor é, ainda, decompor e compor ao mesmo tempo. O cancionista decompõe a melodia com o texto, mas recompõe o texto com a entoação. Ele recorta e cobre em seguida. Compatibiliza as tendências contrárias com seu gesto oral.

Desse modo, a paixão e a ação, vistas acima, são elaboradas no perfil traçado pela dicção. O compositor traz sempre um projeto geral de dicção que será aprimorado ou modificado pelo cantor, e normalmente, modalizado e explicitado pelo arranjador. Todos são, nesse sentido, cancionistas.

CANTO E FALA

Neste trabalho, preocupo-me com a dicção do cancionista brasileiro. Com sua maneira de dizer o que diz, sua maneira de cantar, de musicar, de gravar, mas principalmente, com sua maneira de compor.

Tive, em 1974, uma espécie de *insight* ou de susto quando, ouvindo Gilberto Gil reinterpretando antigas gravações de Germano Matias, me ocorreu a possibilidade de toda e qualquer canção popular ter sua origem na fala. De fato, "Minha nega na janela", a canção que eu ouvia, estampava um texto coloquialíssimo e uma entoação cristalina. Era o Gil falando sobre os acordes percussivos do seu violão. Até mesmo a desordem geral, própria da fala, estava ali presente: melodia atrelada ao texto, sem qualquer autonomia de inflexão, pouca reiteração, nenhuma sustentação vocálica. Apenas a pulsação regular mantida pelo instrumento e alguns acentos decisivos no canto asseguravam a tematização construtiva do samba. No mais, a fala solta.

Meu espanto não decorria do fato de essa canção exibir, de ponta a ponta, seu vínculo com a fala, mas da hipótese, então bem nebulosa, de outras canções, totalmente distintas, como "Travessia", "Garota de Ipanema" ou "Quero que tudo vá pro inferno", camuflarem esse mesmo vínculo. De qualquer forma, o centro do problema deslocava-se para fora da música e "Quero que tudo vá pro inferno", camuflarem esse mesmo vínculo.

De qualquer forma, o centro do problema deslocava-se para fora da música e da poesia, embora ambas participassem das etapas de criação. Passei a enxergar a canção como produto de uma dicção. E mais que pela fala explícita, passei a me interessar pela fala camuflada em tensões melódicas. Algumas razões vieram de encontro a essa linha de pensamento:

1. Não há modelo único de fala. Há falas que expressam sentimentos íntimos, outras expressam enumerações quase ritualísticas, outras elaboram uma espécie de argumentação, e outras, ainda, refletem automatismos decorrentes do hábito. Todas essas variáveis podem interferir na canção;

2. A fala pura é, em geral, instável, irregular e descartável no que tange à sonoridade. Não mantém ritmo periódico, não se estabiliza nas frequências entoativas e, assim que transmite mensagem, sua cadeia fônica pode ser esquecida. Fazer uma canção é também criar uma responsabilidade sonora. Alguma ordem deve ser estabelecida para assegurar a perpetuação sonora da obra, pois seu valor, ao contrário do colóquio, depende disso;

3. Esse sentido de ordenação obriga o compositor a procurar outras formas de compatibilidade entre texto e melodia.

Essa busca atinge a expressão tática — ordenação da linearidade — e sonora do texto mas recai, de maneira decisiva, sobre a melodia. Em se tratando de canção, a melodia é o centro de elaboração da sonoridade do plano de expressão. Por isso, o compositor estabiliza as frequências dentro de um percurso harmônico, regula uma pulsação e distribui os acentos rítmicos, criando zonas de tensão que edificam uma estabilidade e um sentido próprio para a melodia. Essa mesma tensão é transferida ao texto sob a forma de disjunção amorosa, de qualificação de uma personagem para a ação ou, simplesmente, sob a forma de argumentação coloquial;

4. Qualquer seja o projeto de canção escolhido, e por mais que a melodia tenha adquirido estabilidade e autonomia nesse projeto, o lastro entoativo não pode desaparecer, sob pena de comprometer inteiramente o efeito enunciativo que toda canção alimenta. A melodia captada como entoação soa verdadeira. É a presentificação do gesto do cancionista. Não de qualquer cancionista, mas daquele que está ali corporificado no timbre e mobilizado nas inflexões;

5. A história da canção popular brasileira apresenta uma constante flutuação entre o canto musicado e o canto falado, como se um compensasse a existência do outro:

   ▷ As modinhas de salão, escritas em partituras, contemporâneas dos sambas-maxixes de quintal em que se improvisavam melodias e versos;
   ▷ Serestas e tangos interpretados pelo vozeirão de Vicente Celestino. Marchinhas de carnaval cantadas como palavras de ordem na voz coloquial de Almirante ou dos próprios compositores;
   ▷ Samba-canção, samba de breque;
   ▷ Chico Alves ligando as vogais. Mário Reis recortando as sílabas;

- Araci de Almeida com canções chorosas. Carmem Miranda com entoações alegres, às vezes caricaturais, perfazendo da fala ao canto e do canto à fala um curso contínuo;
- Composição de piano, composição de violão;
- Intensidade: Jamelão, Ângela Maria, Caubi Peixoto, Anísio Silva. Densidade: Dick Farney, Lúcio Alves, Pianíssimo e despojamento: João Gilberto;
- Elis Regina cantando "Zambi"; Roberto Carlos, "Não quero ver você triste";
- "Disparada", "A banda";
- Tim Maia, Jorge Ben Jor;
- Caetano Veloso com "Tigresa" ou "Queixa", "Da maior importância" ou "Ele me deu um beijo na boca", e interpretando "Sina" ou "Sonhos";
- "London London", versão RPM, "Você não soube me amar" pela Blitz;
- Djavan e Guilherme Arantes, Itamar Assumpção e Grupo Rumo;
- Rocks, raps;

6. Os compositores transformam-se naturalmente em cantores. Afinal, a voz que fala é a voz que canta. Lançam os próprios discos e dispensam os cantores. Quase não surge mais intérprete masculino, exceto na música brega. As décadas de 1970 e 1980 são dos compositores, das cantoras — as mulheres ainda compõem pouco — e dos conjuntos em início de carreira.

Criando tensões melódicas, o cancionista camufla habilmente as marcas da entoação. A entoação despe o artista. Revela-o como simples falante. Rompe o efeito de magia. Nivela sua relação com o ouvinte.

As tensões melódicas fazem do artista um ser grandioso que se imortaliza no timbre. A amplificação da voz e sua equalização junto aos demais instrumentos reforçam sua dignidade e imprimem um tom de magia, necessário ao encanto que exerce no ouvinte. Mas a definição do tipo de conteúdo investido nos contornos melódicos depende do tratamento dado à frequência e à duração. A ampliação desses parâmetros concentra tensividade no desenho da curva, valorizado pelo prolongamento das vogais e pelos saltos intervalares. A redução desvia a tensividade para a reincidência periódica dos temas. A pulsação e os acentos são privilegiados, assim como os ataques percussivos das consoantes, tudo em função de um encadeamento regular que convida a uma participação física.

Esse movimento enunciativo que transforma a voz que fala em voz que canta já foi, e tem sido, abordados por autores que pensam a canção pela essência.

Começo por Mário de Andrade:

Como arco que vibra tanto para lançar longe a flecha como pra lançar perto o som: a voz humana tanto vibra pra lançar perto a palavra como lançar longe o som musical. E quanto a palavra falada quer atingir longe, no grito, no apelo e na declamação, ela se aproxima caracteristicamente do canto e vai deixando aos poucos de ser instrumento oral para se tornar instrumento musical.[2]

Deixar de ser instrumento oral significa perder a função fonológica e a pertinência linguística. Significa trocá-las pela função fonética e pela pertinência musical. O cancionista investe seus sentimentos e toda a sua disposição afetiva nos contornos melódicos, tanto na segmentação como na continuidade.

As consoantes são peças fundamentais na inteligibilidade da voz que fala. Elas segmentam o continuum sonoro, estabelecendo distinções e dando identidade às palavras. Ao serem projetadas no percurso melódico de uma canção, tais consoantes ressaltam também seus valores substanciais. As segmentações tornam-se ataques rítmicos, como se voz que canta mudasse a função dos fonemas privilegiando lhe a matéria e não a forma:

2. Andrade, 1965, p. 43.

(...) A voz cantada quer a pureza e a imediata intensidade fisiológica do som musical. A voz falada quer a inteligibilidade e a imediata intensidade psicológica da palavra oral.[3]

Mas não é verdade que a voz cantada perca o contato com a inteligibilidade. Se assim fosse não saberíamos de que assunto trata uma determinada canção. Mário de Andrade pensa em termos de canção erudita, na qual há realmente uma forte tendência no sentido de converter a voz em instrumento musical. A canção popular brasileira jamais seguiu esse caminho. Sem a voz que fala por trás da voz que canta não há atração nem consumo. O público quer saber quem é o dono da voz. Por trás dos recursos técnicos tem que haver um gesto, e a gestualidade oral que distingue o cancionista está inscrita na entoação particular de sua fala. Entre dois intérpretes que cantam bem, o público fica com aquele que faz da voz um gesto. Basta pensarmos em Carmem Miranda, Orlando Silva, Roberto Carlos...

VOZ DA VOZ I

Antes disso, porém, prefiro retomar o movimento que transforma a fala em canto, que transforma os conteúdos em tensões melódicas. Convoco agora José Miguel Wisnik pela extraordinária síntese obtida num único parágrafo:

O cantor apega-se à força do canto, e o cantor faz nascer uma outra voz dentro da voz. Essa, com que falamos, é muitas vezes a emissão de uma série de palavras sem desejo, omissões foscas e abafadas de um corpo retraído, voz recortada pela pressão do princípio de realidade. Independente da intimidação da voz que fala, a fala mesma é dominada pela descontinuidade aperiódica da linguagem verbal: ela nos situa no mundo, recorta-o e nos permite separar sujeito e objeto, à custa do sistema de diferenças que é a língua. No entanto, o canto potencia tudo aquilo que há na linguagem, não de diferença, mas de presença. E presença é o corpo vivo: não as distinções abstratas dos fonemas, mas a substância viva do som, força do corpo que respira. Perante

3. Id., Ibid., p. 43-44.

a voz da língua, a voz que canta é liberação: o recorte descontínuo das sucessivas articulações cede vez ao continuum das durações, das intensidades, do jogo das pulsações; as ondas menos periódicas da voz corrente dão lugar ao fluxo do sopro ritualizado pela recorrência.[4]

Em primeiro lugar, a voz da voz. A voz que canta dentro da voz que fala.

A voz que fala interessa-se pelo que é dito. A voz que canta, pela maneira de dizer. Ambas estão adequadas as suas respectivas funções.

Por sua natureza utilitária e imediata a voz que fala é efêmera. Ela ordena uma experiência, transmite-a e desaparece. Sua vida sonora é muito breve. Sua função é dar formas instantâneas a conteúdos abstratos e estes sim devem ser apreendidos. O invólucro fônico é descartável. Por isso, a melodia da fala não se estabiliza, não se repete e não adquire autonomia. Apenas acompanha um texto que renova constantemente o compromisso entre os recortes da realidade e os recortes fonológicos. Está a serviço de um sistema de oposições previamente estabelecido que dispensa a necessidade de fixação e independência sonora. A gramática linguística dá conta da representação do sentido e não tem finalidade em si mesma. Não tem por que se perpetuar em matéria fônica.

Da fala ao canto há um processo geral de corporificação: da forma fonológica passa-se à substância fonética. A primeira é cristalizada na segunda. As relações *in absentia* materializam-se *in pressentia*. A gramática linguística cede espaço à gramática de recorrência musical. A voz articulada do intelecto converte-se em expressão do corpo que sente. As inflexões caóticas das entoações, dependentes da sintaxe do texto, ganham periodicidade, sentido próprio e se perpetuam em movimento cíclico como um ritual. É a estabilização da frequência e da duração por leis musicais que passam a interagir com as leis linguísticas. Aquelas fixam e ordenam todo o perfil melódico e ainda estabelecem uma

4. Wisnik, 1978, p. 12.

regularidade para o texto, metrificando seus acentos e aliterando sua sonoridade. Como extensão do corpo do cancionista, surge o timbre da voz. Como parâmetro de dosagem do afeto investido, a intensidade.

A voz que canta prenuncia, para além de um certo corpo vivo, um corpo imortal. Um corpo imortalizado em sua extensão timbrística. Um corpo materializado nas durações melódicas. É quando o cancionista ultrapassa a realidade opressora do dia a dia, proporcionando viagens intermitentes aos seus ouvintes. É quando o cancionista tem o poder de aliviar as tensões do cotidiano, substituindo-as por tensões melódicas, em que só se inscrevem conteúdos afetivos ou estímulos somáticos.

A voz que fala, esta sim prenuncia o corpo vivo, o corpo que respira, o corpo que está ali, na hora do canto. Da voz que fala emana o gesto oral mais corriqueiro, mais próximo da imperfeição humana. É quando o artista parece gente. É quando o ouvinte se sente também um pouco artista.

Dessa singular convivência entre o corpo vivo e o corpo imortal brotam o efeito de encanto e o sentido de eficácia da canção popular.

VOZ DA VOZ II

Mário de Andrade e Wisnik comentam a voz que parte da fala e chega ao canto: Wisnik focaliza a voz que canta dentro da voz que fala.

Agora é a vez da voz que fala dentro da voz que canta. Faço aqui uma tradução livre de um trecho de Nicolas Ruwet:

As significações linguísticas, de qualquer modo, mantêm uma presença no interior da música. Além do mais, considerando que a voz é, para o homem, antes de tudo, o órgão da fala, no momento em que surge na música, a linguagem, como tal, está presente, e isso mesmo se o canto emancipa-se em puros melismas, mesmo se o texto torna-se totalmente incompreensível. É um fato, ao qual os esteticistas deveriam dar mais importância, que jamais, por assim dizer, a música vocal pode prescindir do suporte das palavras: parece impossível ver na voz um instrumento como os outros.[5]

À primeira vista, uma contradição com o fragmento de Mário de Andrade citado acima. A diferença, porém, é de enfoque.

Por viver a voz da voz em seu duplo sentido, o cancionista não pode deixar de ser também malabarista. Como se ele sentisse a necessidade de preservar um gesto de origem sem o qual a canção perderia a própria identidade. É assim que, em meio às tensões melódicas, o cancionista propõe figuras visando ao pronto reconhecimento do ouvinte. Tais figuras são os desenhos de entoação linguística projetados como melodia musical e, muitas vezes, ocultados por ela.

O ouvinte capta tudo, mesmo que não possa desagregar a música da linguagem verbal. Ele ouve o acabamento bem-traçado da melodia musical mas reconhece em seu percurso um embrião. Cada língua tem a sua própria estrutura melódico-embrionária. Já existe nela, portanto, o germe de uma música que expressa a alma do povo. É sintomático que na Antiguidade poesia e música fossem inseparáveis.[6]

E nessa entoação embrionária está o estilo da cultura gesticulado de modo personalista pelo compositor. Ele deposita tudo nas inflexões. Que mudem o timbre, a intensidade ou até aspectos do perfil — os cantores estão aí para isso — o projeto entoativo permanece como traço constitucional, como extensão inarredável do compositor ou como senha de identificação da obra.

(...) Desde, porém, que os sinais vocais atinjam vosso ouvido, anunciam um ser semelhante a vós. São, por assim dizer, os órgãos da alma, embora também possam representar a solidão, dizem que não estais só. Os pássaros treinam, somente o homem canta. E não se pode ouvir canto ou sinfonia sem se dizer imediatamente. *Um outro ser sensível está aqui.*[7]

5. Ruwet, 1972, p. 52.
6. Kiefer, 1973, p. 44.
7. Rousseau, 1973, p. 200.

A depressão do processo entoativo não se restringe aos casos estampados, propositais e flagrantes — samba de breque, raps, uso de interjeições, falares típicos como o de Adoniran Barbosa, Rita Lee ou mesmo os clichês de juvenilidade enxertados no rock ou na antiga jovem guarda. A apreciação refinada da entoação está em captá-la no mesmo campo sonoro onde se desenvolvem as reiterações encantatórias ou as inflexões passionais. Afinal, ela povoa todo o devenir musical imprimindo-lhe naturalidade.

A noção de naturalidade, este atentado ao rigor científico, não se distancia muito do que já conhecemos no senso comum. De qualquer forma, eu gostaria de atingi-la por outro caminho.

NATURALIDADE E TÉCNICA

O par cancionista/ malabarista alcançou alta motivação ao longo da história. O dom inato, o talento antiacadêmico, a habilidade pragmática descompromissada com qualquer atividade regular são valores tipicamente atribuídos ao cancionista. Afinal, nunca se sabe exatamente como ele aprendeu a tocar, a compor, a cantar, parece que sempre soube fazer tudo isso. Se despendeu horas de exercícios e dedicação foi em função de um trabalho que não deu trabalho. Foi o tempo de exteriorizar o que já estava pronto.

O espantoso é que, na maioria das vezes, isso é verdade. Raramente um cancionista treina para se aprimorar. Treina como decorrência de suas produções. Para inventar melodias, precisa experimentar várias combinações, tocar muitas vezes, cantarolar de todas as maneiras. Para apresentar um show precisa repetir exaustivamente o repertório. E o show é sempre no dia seguinte...O cancionista treina na tangente da encomenda e da expectativa.

E o texto vem da vida. Mais precisamente, vem dos estados de vida: estado de enunciação, estado de paixão, estado de decantação. Num, o cancionista fala, simplesmente; noutro, fala de si e, no último, fala de alguém ou de algo. Cada estado retratado no texto tem implicações melódicas, tem uma compatibilidade em nível de modalização. Daí as melodias irregulares, as melodias com durações prolongadas e as melodias reiterativas. Cada melodia contempla seu texto.

Há, sem dúvida, uma técnica assimilada durante as produções. Na verdade, um equilíbrio de técnicas, como veremos adiante, que se configura numa estratégia geral de persuasão dos ouvintes. Dentro dessa estratégia, ocupa posição de destaque a naturalidade: a impressão de que o tempo da obra é o mesmo da vida. Daí então a camuflagem do esforço e do empenho como parte da canção.

A vivência do compositor não se transforma automaticamente em canção à maneira de uma psicografia. Como qualquer forma de produção, compor significa dar contornos físicos e sensoriais a um conteúdo psíquico e incorpóreo. Pressupõe, portanto, uma técnica de conversão de ideias e emoções em substância fônica conduzida em forma de melodia. Se a emoção fosse derramada e descontrolada, eufórica ou esfericamente, o artista sequer estaria em condições de compor. Se não se sentisse suficientemente hábil para inventar melodias e textos motivados entre si, também não se disporia a fazê-los. A emoção do cancionista, pelo menos a que aparece em suas composições, é altamente disciplinada e minuciosamente preparada para receber um tratamento técnico. E nessa conversão do conteúdo subjetivo em matéria objetiva muitas transformações se sucedem.

O plano de expressão — o significante — das linguagens estéticas é também um espaço lúdico e experimental onde o artista manobra algumas tentativas de arte sem se preocupar com o resultado. É mais fácil acreditar, aliás, que este seja o ponto de partida da maioria das obras bem-sucedidas. A versão linear de que o artista vive uma experiência e, a partir dela, maneja uma expressão, pictórica, fílmica, musical, literária, para traduzi-la é muito rendosa do ponto de vista narrativo — e como gostamos de narrativas! —, mas qualquer artista sabe intimamente que, por aí, muito pouca coisa acontece.

Há um gozo com a matéria fônica e com a técnica de manobrála. No mundo do cancionista isso se manifesta nas sequências de acordes que o compositor executa, reiteradamente, até que ocorram as sugestões melódicas; nos fragmentos de canção que vão ficando espalhados pela carreira do artista; e mesmo nas obras incompletas, tão frequentes, em que a melodia já está plenamente concluída à espera de um texto. Entre os instrumentalistas, então, há um enorme prazer em se jogar sons fora. Reúnem-se, tocam, guardam seus instrumentos e vão embora. O que foi produzido pode ressurgir algum dia, em outro contexto, para carrear outra experiência.

Portanto, a conversão dos ingredientes psíquicos em matéria fônica compreende, mais precisamente, o encontro de dois diferentes níveis de experiência do cancionista: de um lado, sua vivência pessoal com um determinado conteúdo e, de outro, sua familiaridade e intimidade com a expressão e a técnica de produzir canções.

As inúmeras tentativas, aparentemente malogradas, de composição, os retalhos eliminados como sobra de outras produções e mesmo a maior habilidade adquirida no decorrer dessas etapas formam um arsenal em potência que rapidamente se estrutura quando o compositor se concentra e se dispõe a retratar a singularidade de sua vivência.

E este arsenal de recursos técnicos é tão poderoso que, muitas vezes, transforma a qualidade emocional da vivência do compositor. É quando a fossa produz marcha carnavalesca e a excitação eufórica belas melodias de samba canção.

INSPIRAÇÃO

O verdadeiro teor de uma experiência pessoal é inatingível pelo outro e intransmissível por quem a viveu utilizando a linguagem verbal, podemos recuperar parte dessa experiência — infelizmente a parte menos pessoal —, projetá-la nos termos habituais de coletividade e obter uma certa empatia por aproximação de experiências. Pela poesia, a originalidade do tratamento espacial e fonológico, o trabalho com justaposições que rompem a hierarquia discursiva pode criar outra singularidade relacionada ou não com a experiência ou ideia inicial. Pela canção, parece que a própria singularidade da existência foi fisgada. Como se o texto coletivizasse a vivência, o tratamento poético imprimisse originalidade, mas o resgate subjetivo da experiência, este, só fosse possível com a melodia.

> (...)
> estou pensando
> no mistério das letras de música
> tão frágeis quando escritas
> tão fortes quando cantadas
> (...)
> a palavra cantada
> não é a palavra falada
> nem a palavra escrita
> a altura a intensidade a duração a posição
> a voz e o mood mudam tudo
> a palavra-canto
> é outra coisa
> (...)[8]

Retratar bem uma experiência significa, para o cancionista, fisgá-la com a melodia. Ao texto cabe apenas circunscrever a temática que nem sempre está diretamente relacionada com os fatos. Cabe a ele criar o acontecimento, selecionando unicamente o que é possível desenvolver nos limites da canção. Daí a técnica, tão comum da antecipação melódica. Cada fragmento melódico elaborado delimita uma área e os pontos de acento que nortearão o processo de seleção linguística.

Não precisa falar muito. Basta ser exato e pertinente na conformação do texto, que a força da experiência já está melodicamente assegurada. Não importa tanto o que aconteceu mas como aquilo que aconteceu foi sentido.

8. Campos, 1974, p. 309.

Por isso, um texto de canção é, quase necessariamente, um disciplinador de emoções. Deve ser enxuto, pode ser simples e até pobre em si. Não deve almejar dizer tudo. Não precisa dizer tudo. Tudo só será dito com a melodia.

Sequencializar acordes, produzir melodias, repisar batidas rítmicas, tocar em conjunto são verdadeiros exercícios de manobra que preparam o cancionista para o resgate das experiências. Não é difícil aceitar que uma canção tenha sido instantaneamente composta no já famoso guardanapo de papel de botequim. Na verdade, ela já vinha sendo feita em outros guardanapos, em outras situações, havia dias, meses ou anos. Ela vinha sendo feita até por eliminação, por não ter sido incluída, mesmo que parcialmente, em composições anteriores. Isso sem contar que, muitas vezes, a canção já estava pronta, só que carreando um texto não muito convincente. Nesse caso, então, foi uma simples troca de letra.

Mas a canção sai na hora, isso que importa. A naturalidade, a espontaneidade e a instantaneidade são valores preciosos para o cancionista. A rapidez e a eficácia do resgate da experiência provam o efeito de sentido inspiração.

FIGURATIVIZAÇÃO

Creio que a naturalidade se aloja na porção entoativa da melodia, naquela que se adere com perfeição aos pontos de acentuação do texto. A impressão de que a linha melódica poderia ser uma inflexão entoativa da linguagem verbal cria um sentimento de verdade enunciativa, facilmente revertido em aumento de confiança do ouvinte no cancionista.

A canção, como a música, transcorre e só tem sentido no tempo. Ela precisa do tempo para se constituir. No entanto, mais que tudo, desafia a inexorabilidade do tempo, materializando-o em substância fônica vocal. Transforma o tempo perdido em tempo ganho. Cada vez que se repete uma canção, recorda-se um fragmento de tempo. Basta lembrarmos quantas circunstâncias em nossa vida estão ligadas a uma canção ou, em sentido inverso, quantas canções estão impregnadas de circunstâncias. O núcleo entoativo da voz engata a canção na enunciação produzindo efeito de tempo presente: alguém cantando é sempre alguém dizendo, e dizer é sempre aqui e agora. Assim que a melodia entra em periodicidade e fixa suas frequências no campo tonal, o tempo do dizer se perpetua como um tempo presente que vale a pena reviver. O embrião entoativo, que perpassa as vogais, reproduz a circunstância de enunciação a cada execução.

Por isso, o caráter efêmero e imperfeito das entoações jamais deveria ser confundido com resíduos vocais deixados pela pouca habilidade musical do cancionista ou com o desejo de mencionar o linguajar pitoresco. As entoações sustentam o efeito de naturalidade no mesmo campo sonoro em que se dão a estabilização e a periodização melódicas programadas pela composição. Portanto, elas são também programadas, mas para parecerem não programadas. Assim como um ator que elabora exaustivamente um texto para dizê-lo com a máxima naturalidade, as entoações são cuidadosamente programadas para conduzir com naturalidade o texto e fazer do tempo de sua execução um momento vivo e vivido fisicamente pelo cancionista.

Esse processo geral de programação entoativa da melodia e de estabelecimento coloquial do texto pode ser denominado figurativização por sugerir ao ouvinte verdadeiras cenas ou figuras enunciativas. Pela figurativização captamos a voz que fala no interior da voz que canta. Pela figurativização, ainda, o cancionista projeta-se na obra, vinculando o conteúdo do texto ao momento entoativo de sua execução. Aqui, imperam as leis de articulação linguística, de modo que compreendemos o que é dito pelos menos recursos utilizados no colóquio.

A tendência à figurativização pode ser avaliada pela exacerbação do vínculo simbiótico entre o texto e a melodia. O polo extremo desse processo é a própria linguagem oral, na qual as entoações agem sobre o sentido geral da mensagem, mas sujeitando-se inteiramente às determinações linguísticas. Esporadicamente, surgem esses casos limites na canção popular, como "Deixa isso pra lá" e "Não quero ver você triste." Via de regra, porém, a figurativização é utilizada com equilíbrio e parcimônia, dividimos sua atuação com os recursos musicais de estabilidade melódica.

Dois sintomas podem servir de ponto de partida para o exame figurativo de qualquer tipo de canção: os dêiticos no texto e o tonemas[9] na melodia.

Os dêiticos são elementos linguísticos que indicam a situação enunciativa em que se encontra o *eu*, compositor ou cantor, da canção. São imperativos, vocativos, demonstrativos, advérbios etc.,[10] que, ao serem pronunciados, entram em fase com a raiz entoativa da melodia, presentificando o tempo e o espaço da voz que canta. O papel dos dêiticos é lembrar, constantemente, que por trás da voz que canta há uma voz que fala.

Os tonemas são inflexões que finalizam as frases entoativas, definindo o ponto nevrálgico de sua significação. Com apenas três possibilidades físicas de realização, descendência, ascendência ou suspensão, os tonemas oferecem um modelo geral e econômico para a análise figurativa da melodia, a partir das oscilações tensivas da voz. Assim, uma voz que inflete para o grave, distende o esforço de emissão e procura o repouso fisiológico, diretamente associado à terminação asseverativa do conteúdo relatado. Uma voz que busca a frequência aguda ou sustenta sua altura, mantendo a tensão do esforço fisiológico, sugere sempre continuidade — no sentido de prossecução —, ou seja, outras frases devem vir em seguida a título de complementação, resposta ou mesmo como prorrogação das incertezas ou das tensões emotivas de toda sorte. Conforme veremos na sequência, durante as análises, os tonemas constituem um dos principais dispositivos que asseguram a significação das canções populares.

A própria existência da maioria dos cancionistas está assegurada pela possibilidade de transformação da fala em canto. A

---

9. Tomás, 1966, p. 69.
10. Tatit, 1986, p. 15–26.

pulsação, a acentuação ou a batucada não explicam, por si sós, o nascimento do maxixe, do samba e da marcha. A *audácia* de se compor melodias em formação musical só pode se apoiar nas entoações naturais da linguagem oral.

A figurativização permite compreender as primeiras criações lúdicas do samba. As anedotas que se transformavam em marcha carnavalesca, as palavras de ordem das brincadeiras repetidas em estribilhos, o nascimento do samba de breque. As polêmicas através de canções, como Noel Rosa *versus* Wilson Batista, as canções-cartas, "Cordiais saudações" e "Antonico", as canções-diálogos, "Eu dei", "Teresa da praia", "Sinal fechado", "Ele me deu um beijo na boca." A presença de dicções regionais, como as composições de Adoniran Barbosa ou de Dorival Caymmi, a música de protesto, as canções-respostas como "Argumento", "Diz que fui por aí." O intimismo romântico, "Da maior importância", "Sonhos", "Tá combinado" e até a perversão da melodia em função dos acentos das palavras, como ocorre na fala: toda a obra de Jorge Ben Jor.

TENSÕES PASSIONAIS E TENSÕES TEMÁTICAS

Ao descrevermos a gestualidade oral do cancionista, consideramos um ponto de tensividade crucial situado no encontro da continuidade com a segmentação da melodia. Vogais e consoantes, ingredientes mínimos inevitáveis na canção, oferecem o campo sonoro para os investimentos tensivos do compositor. Além de cumprirem um papel fundamental na inteligibilidade do texto e na criação de figuras enunciativas, as vogais e as consoantes são também trabalhadas de um ponto de vista sonoro para poder representar a disposição interna do compositor.

Assim, ao investir na continuidade melódica, no prolongamento das vogais, o autor está modalizando todo o percurso da canção com *ser* e com os estados passivos da paixão — é necessário o pleonasmo. Suas tensões internas são transferidas para a emissão alongada das frequências e, por vezes, para as amplas oscilações de tessitura. Chamo a esse processo passionalização. Ao investir na segmentação, nos ataques consonantais, o autor age sob a influência do *fazer*, convertendo suas tensões internas em impulsos somáticos fundados na subdivisão dos valores rítmicos, na marcação dos acentos e na recorrência. Trata-se aqui, da tematização.

A tematização melódica é um campo sonoro propício às tematizações linguísticas ou, mais precisamente, às construções de personagem — baiana, malandro, *eu* — de valores-objetos — o país, o samba, o violão — ou, ainda, de valores universais — bem e mal, natureza e cultura, vida e morte, prazer e sofrimento, atração e repulsa.

Por intermédio da tematização, o cancionista pode exaltar sua pátria, como "Aquarela do Brasil", "Brasil pandeiro", "País tropical"; sua gente, "Morena boca de ouro", "O que é que a baiana tem?", "Mulata assanhada"; sua música, "Samba da minha terra", "Baião"; a natureza "Águas de março", "Refazenda."

Pode produzir os gêneros dançantes: marchinhas de carnaval, rock jovem, samba de gafieira, xote para forró etc.; os rituais de clima: "Construção", "Morte e vida severina"; criar modelos rítmicos: bossa nova, jovem guarda; pode se integrar no gênero da moda: rock, reggae, rap, funk, blues.

Enfim, a tendência à tematização, tanto melódica como linguística, satisfaz as necessidades gerais de materialização linguístico-melódica de uma ideia. Cria-se, então, uma relação motivada entre tal ideia — natureza, baiana, samba, malandro — e o tema melódico erigido pela reiteração. Essa materialização, essa marca, já desempenhou inúmeras funções na cultura brasileira: marca de liberdade, marca de juventude, marca de malandragem, marca de brasilidade, marca de regionalismo, marca de revolta, marca de modernidade, marca de mercado, marca de novela.

A dominância da passionalização desvia a tensão para o nível psíquico. A ampliação da frequência e da duração valoriza a sonoridade das vogais, tornando a melodia mais lenta e contínua. A tensão de emissão mais aguda e prolongada das notas convida o ouvinte para uma inação. Sugere, antes, uma vivência introspectiva de seu estado. Daqui nasce a paixão que, em geral, já vem relatada na narrativa do texto. Por isso, a passionalização melódica é um campo sonoro propício às tensões ocasionadas pela desunião amorosa ou pelo sentimento de falta de um objeto de desejo.

A passionalização na canção funciona como um reduto emotivo da intersubjetividade. Todas as épocas necessitaram dessas expressões individuais registradas na especificidade tensiva da curva melódica. É o lugar do lírico amoroso que já tomou forma de modinha folclórica ou semierudita, de samba-canção, de bolero, de *iê-iê-iê* romântico, de blues e, no momento, canção brega. A passionalização é intrigante, pois não fica claro se reflete a maturidade de um movimento, de um estilo ou de um compositor, ou se reflete o declínio da vitalidade do gênero. Vejamos.

O samba firma-se como um ritmo ou até uma batucada enquanto o samba-canção neutraliza suas arestas e se impõe pela melodia. A bossa nova se consagra como batida para depois desandar em inúmeras composições românticas em que a batida se dilui dando destaque à harmonia; sem contar as canções de protesto que abandonam até as inovações harmônicas em nome da clareza melódica — e, claro, linguística. Roberto Carlos cria a réplica do *iê-iê-iê* nacional com as frases temáticas do rock, "Parei na contramão" por exemplo, transformando-se gradativamente no maior cantor romântico do Brasil de todos os tempos. Aliás, os próprios Beatles, paradigma máximo do *iê-iê-iê* internacional, começam com os temas dançantes de "I Wanna Hold Your Hand" para, bem depois, se consagrarem como, talvez, os melhores melodistas e arranjadores de canção romântica em todo o mundo: como "Girl", "Something" e "Yesterday."

À parte essas considerações um tanto estáticas a respeito da passionalização e da tematização, quero enfatizar que o projeto geral de dicção do cancionista consiste num revezamento das dominâncias desses dois processos, mais a figurativização, no campo sonoro de uma mesma canção. Isso será reiteradamente verificado na etapa dedicada às análises.

Por ora, só falta tecer alguns comentários finais sobre o texto da canção.

NARRATIVIDADE

Quando se considera a função intelectiva da segmentação, não podemos nos ater apenas às unidades mínimas da linguagem, mesmo considerando as que já estão providas de sentido — palavras e frases, por exemplo. Cada nível de análise tem suas implicações e limitações.

Os fonemas são unidades sonoras pertinentes na formação do sentido mas não possuem autonomia semântica. De qualquer modo, auxiliam no estabelecimento de relações associativas entre os significados das palavras, a partir das similaridades sonoras sugeridas por suas aliterações. A alta incidência de rimas nas canções pode dar a medida de sua importância.

As palavras participam da ordenação das frases ou dos versos e, desfrutando de uma certa autonomia de sentido, podem reportar-se a outros lugares de cultura e até mesmo transformar-se num feixe de significados os mais heterogêneos. Assim também, as frases são fragmentos de significação que funcionam com autonomia em determinadas obras, contraindo relação direta com as frases melódicas. Operando nos níveis das palavras e das frases, diversos compositores optaram, sobretudo nos anos 1970, pelas construções icônicas desprendidas das hierarquizações discursivas. Trataremos da noção de ícone na canção popular mais adiante.

Fonemas, palavras e frases entram, de fato, na composição do texto mas são absorvidos por uma outra instância de organização que redistribui o sentido, desta vez em torno de um projeto integral: o projeto narrativo. Enquanto as unidades menores de significado, como as palavras, por exemplo, expressam um sentido parcial aberto às mais distintas derivações no âmbito do ouvinte, o texto promove uma espécie de seleção qualitativa dos conteúdos, de acordo com uma gramática geral que já não é mais apenas linguística. A gramática narrativa, talvez por sua identificação direta com a história de vida do homem da humanidade, está se firmando como um modelo promissor para a análise da produção e da compreensão do sentido, seja ele veiculado pela pintura, pela literatura, pelo cinema ou pela canção popular.

A semiótica de hoje — proposta como ciência de reconstrução do sentido a partir dos princípios globalizantes de Hjelmslev, aprumada pela fenomenologia de Merleau-Ponty, pela antropologia de Lévi-Strauss e pela narratologia de Propp — tem se aplicado nos estudos da narratividade dentro de um percurso gerativo da significação, que vai das instâncias mais profundas, articuladas por universais mínimos do conteúdo, às instâncias de superfície, onde o sentido se estrutura em toda a sua complexidade, antes, porém, de receber o tratamento específico de um código.

Alguns trabalhos já editados no Brasil podem instruir os leitores interessados no aprofundamento dessas pesquisas semióticas. Aqui, optei por chamar à baila apenas as soluções narrativas pertinentes às analises que empreenderemos a seguir, explicando sua aplicação dentro do contexto da obra e na medida de sua necessidade.

Creio que a narrativa, ao organizar globalmente o sentido do texto, chega mais próximo daquilo que o ouvinte capta como conteúdo principal da composição. As emoções da perda em "Nervos de aço", "Volta" ou "Pra machucar meu coração", por exemplo, podem ser estudadas no quadro da semiótica das paixões, a partir dos conteúdos afetivos investidos numa simples relação de disjunção entre o sujeito-enunciador e seu objeto de desejo. Ao contrário, o sentimento de plenitude que há em "João valentão", "Aquarela do Brasil", "Fio maravilha" ou "Beleza pura" retrata um sujeito eufórico, em conjunção com seus valores. Tal sentimento pode dispensar uma ação de busca, uma vez que não se experimenta qualquer carência;[11] pode relatar o próprio sucesso da ação de um sujeito que, em conjunção com seus valores modais, tem toda a competência para realizá-la.[12] e pode, ainda retratar um estado posterior à ação, quando o sujeito vive a recompensa pelo que já fez.[13] O reconhecimento do verdadeiro objeto (*ser/parecer*), até então oculto (*ser/não parecer*) ao ver do observador, pode ser enfocado pela semiótica da canção[14] e assim por diante.

Tudo ocorre como se, pela narrativa, tivéssemos uma experiência de vida bem circunscrita, pronta para ser fisgada pela melodia. Ou, de outro enfoque, é como se a narrativa traduzisse, nos temos da inteligibilidade, a singularidade da emoção descrita nas curvas melódicas. Não é por acaso que a complementaridade entre narrativa e melodia sempre esteve presente não apenas no terreno da canção mas também na ópera, no teatro, na dança, no cinema, na novela de televisão etc.

Em tempo, aos que já conhecem ou venham eventualmente a conhecer a semiótica, convém alertar para o fato de que os conceitos de figurativização, tematização e passionalização, empregados em larga escala neste trabalho, podem vir a ser confundidos com seus homônimos utilizados na análise discursiva de textos. As duas primeiras noções, principalmente, são dispositivos teóricos complementares na metalinguagem científica da semiótica.

Os conceitos lançados aqui foram inspirados naqueles, com os quais ainda mantêm alguns pontos em comum, entretanto, por força do componente melódico da canção e da própria evolução teórica do pensamento em diversos trabalhos, suas acepções sofreram muitas mudanças, a ponto de adquirir uma autonomia de uso específico para o universo da canção popular.

---

11. Cf. "Aquarela do Brasil."
12. Cf. "Fio maravilha."
13. Cf. "João valentão."
14. Cf. "Sampa".

ARQUICANÇÃO E CANÇÕES

A extensão do sentido produzido por uma canção é certamente inatingível pela análise. O que se tenta, no fundo, é explicar alguns aspectos de produção desse sentido geral, a partir do reconhecimento dos traços comuns a todas as canções, aqueles que, independentemente das particularidades da obra, nos oferecem uma pronta identificação de sua natureza. Aqueles que nos permitem dizer, simplesmente: *isto é uma canção*.

Esse reconhecimento preliminar colabora em dois pontos fundamentais do processo descritivo:

1. Em sua penetração do universo da canção popular por uma via própria de sua linguagem, o que contribui para resolver o famoso impasse: *por onde começar?*;

2. Na identificação dos traços específicos do autor e da obra em consequência natural da localização dos traços comuns.

Portanto, os princípios conceituais estabelecidos nos itens anteriores não se referem às canções específicas, mas à arquicanção. Por trás dessa expressão esdrúxula, o prefixo *arqui*, emprestado da linguística (*arquifonema*, *arquilexema*), define com precisão a ideia, que buscamos, de canção-modelo. *Arquicanção* é o conjunto dos traços ou processos comuns às canções, a partir da neutralização dos traços específicos que as opõem entre si.

Durante as descrições que vêm aí, o leitor perceberá nitidamente, creio eu, três níveis de sentido diluídos na prática analítica:

1. O nível da arquicanção, situado na interseção das canções, que contém os conceitos que participam de todas as análises, notadamente os processos de figurativização, tematização e passionalização;

2. O nível das canções propriamente ditas, em que se verifica a originalidade das soluções adotadas pelos autores em cada uma das obras;

3. O nível dos efeitos de sentido captados na audição, mas indefinidos quando a sua origem ou forma de produção. Tais efeitos podem ser cogitados e não propriamente analisados.

Penso que esses três níveis nunca deixam de existir, embora possam ser significativamente ampliados e conquistados pela atividade de reflexão. Na verdade, eles estão relativizados entre si. O progresso no nível da arquicanção oferece novos recursos para o nível das análises específicas que, por sua vez, pode explicar alguns efeitos de sentido até então obscuros. De qualquer forma, por definição, os três níveis se alinham instantaneamente, assim que foram assimiladas as novas conquistas descritivas.

Não podendo revelar os mistérios da criação só nos resta valorizá-los, distinguindo-os cada vez mais daquilo que não tem mistério.

▷ Eero Tarasti[15] lançou a hipótese de que a música sofreria sempre uma primeira sobremodalização do *ser* e/ ou do *fazer*, ocasionando, respectivamente, uma desativação e/ ou uma dinamização do seu devenir temporal. No caso da canção popular, creio que essa noção possa obter um alcance maior, uma vez que tais influências modais poderiam recair, imediatamente, sobre a melodia e sobre o texto, assegurando sua compatibilidade.[16]

---

15. 1987. p. 113.
16. Barros (1988), Courtês (1979), Fioria (1989), Greimas & Courtês (s.d.).

Dicção de Tom Jobim[1]

Não é fácil localizarmos, na história da canção brasileira, bons músicos — alfabetizados em música — que tenham sido também bons cancionistas compositores. Arranjadores, sim, há inúmeros. Mas os grandes cancionistas-compositores não conhecem a teoria e a notação musical. Esse fato é, por si só, eloquente quando refletimos sobre as diferenças entre linguagem musical e linguagem da canção.

Dos nomes selecionados para este trabalho apenas Tom Jobim pode ser chamado, ao mesmo tempo, de músico e cancionista. Nem Ary Barroso, com sua iniciação na técnica do piano, chegou a desenvolver um pensamento verdadeiramente musical. Jobim e apenas Jobim pode ser considerado compositor-cancionista de altíssima envergadura *apesar* de ter adquirido formação musical.

Tudo ocorre como se o convívio com a música erudita, ou mesmo com a popular instrumental, apresentasse desafios bem distantes do universo criativo da canção, com as questões sonoras saltando à frente da relação texto/ melodia e a instrumentação ofuscando a importância da voz. O fato é que pouquíssimos compositores do primeiro time da canção popular brasileira alfabetizaram-se musicalmente.

Tom Jobim pôs toda a sua competência musical, teórica e intuitiva, a serviço da canção. Contingências de época, influência do cool jazz, efervescência de um novo conceito de música popular aproximando os músicos da noite do público universitário, tomada de consciência de uma nova ordem técnica de gravação, amizades pessoais — alguns ou a totalidade desses fatores devem

---

1. Capítulo de *O cancionista: composição de canções no Brasil* que analisa a obra de Tom Jobim, às vezes comparada à de João Gilberto.

ter contribuído para o engajamento de Jobim à canção. De qualquer forma, não se pode deixar de constatar que a preocupação desse músico era voltada para o mesmo objeto de criação dos cancionistas.

O movimento bossa nova marcou a decolagem de Jobim, juntamente com o intérprete João Gilberto, em busca da essência de uma linguagem que até então se formara de fragmentos entoativos da fala coloquial, calibrados pela habilidade musical espontânea dos artistas populares no ofício de transmitir, com eficácia e encanto, as experiências pessoais.

Se da década de 1920 aos anos 1950 o trabalho dos compositores foi o de desenhar a fisionomia geral da canção popular brasileira, a partir dessa época a linguagem estava suficientemente consolidada para servir de base a novas experiências, possibilitando inclusive criações em nível de metalinguagem.

Paralelamente, a música popular norte-americana vivia desde os anos 1930 um apogeu sem precedentes, expandindo sua sonoridade por todo o mundo ocidental através do disco, do rádio e do cinema. Os Estados Unidos aproveitaram a chance dos países novos, sem grande tradição nas artes eruditas, de desenvolver uma estética vinculada aos tempos modernos de tecnologia visando à produção em escala industrial. Detendo um extraordinário potencial econômico, o povo norte-americano como disparou à frente de todos os outros, canalizando as manifestações populares de seu *ethos* heterogêneo para formas de produção, ainda indefinidas do ponto de vista estético, mas certamente rendosas no mercado cultural. O ponto de equilíbrio e de eficácia era a adequação da perícia individual do artista ao meio técnico escolhido para sua expressão.

Todos os grandes músicos e grandes artistas americanos, hoje lembrados como principais representantes da época — Glenn Miller, Cole Porter, Duke Ellington, Tommy Dorsey, Frank Sinatra, Louis Armstrong, Fred Astaire, Walt Disney, George Gershwin —, estavam engajados nesse projeto de arte conjugada ao avanço tecnológico em função de uma criação definitiva: um mundo ideal, acima dos conflitos terrenos, voltando para o amor, a fantasia e o deleite, mundo este projetado nas telas dos cinemas como extensão do imaginário do povo, sob um clima musical catalisador das emoções eufóricas.

De um modo ou de outro, essa caracterização da nova arte criada no espaço tecnológico como um reduto destinado à fantasia veio a reboque das influências musicais americanas e se alojou nos textos das canções mais representativas da bossa nova. O LP *O amor, o sorriso e a flor*, de João Gilberto, é a expressão desse espírito.

A opulência dos recursos musicais exibidas nas gravações norte-americanas, que conquistavam o mercado mundial do disco nos anos 1940 e 1950, não podia mais ser ignorada. Dick Farney, pianista e intérprete fascinado pela música dos Estados Unidos, lutava nos bastidores da gravadora Continental pelo rompimento do viés musical provinciano que João de Barro imprimia como diretor da empresa. Dick Farney, Johnny Alf e os iniciantes Tom Jobim, Nora Ney e Luís Bonfá, fundaram, por volta de 1949, o sintomático Sinatra-Farney Fan Club que indicava a real filiação desses músicos, muito mais para o modelo do cancionista bem resolvido comercialmente, estampado na figura de *The Voice*, do que para as vertentes profundas do jazz, desbravadoras de novos campos harmônicos e das potencialidades técnicas dos instrumentos. Acontece que a exuberância musical daquele país atingira tal ponto que, em todas as suas manifestações, do rádio ao cinema, extravasavam as conquistas do jazz, mesmo quando em plano secundário acompanhavam um cantor ou um ator.

O produto sintético obtido no final da década de 1950 por Tom Jobim e João Gilberto, acompanhados por Carlos Lira, Vinicius de Moraes, Roberto Menescal, Ronaldo Bôscoli e outros, nada mais tinha com a influência direta do cool jazz que se mantivera nas execuções de Johnny Alf, Dick Farney, Lúcio Alves e no conjunto Os Cariocas.

Para a bossa nova a assimilação da riqueza contida na música americana estava claramente associada ao aprimoramento das condições de realização de seu objetivo precípuo: a proposição de composições e reinterpretações que fossem, por si só, uma leitura essencial das canções brasileiras produzidas até então. Diga-se de passagem, João Gilberto continua perseguindo esse propósito com verdadeira obstinação, passados trinta anos de bossa nova.

Munidos do modelo harmônico e interpretativo do cool jazz, Jobim e João Gilberto ainda foram particularmente sensíveis a um fator inarredável do processo musical: a gravação. Se a presença necessária do microfone e do amplificador dispensava um sinal de emissão intenso na fonte sonora, no âmbito da voz ou dos instrumentos, favorecendo interpretações sutis e interiorizadas, esses mesmos recursos técnicos ainda não apresentavam, no Brasil da época, a fidelidade suficiente para a reprodução de uma sonoridade mais complexa. Isso afetava não apenas o trabalho com orquestras como também a densidade dos acordes empregados pelos músicos. Uma harmonia concebida a partir de muitas notas poderia provocar o efeito *borrão*, em virtude do excessivo batimento de frequências, prejudicando a clareza da mensagem global.

A dicção de João Gilberto e de Jobim caracteriza-se, assim, por dois gestos aparentemente antagônicos: a elaboração de uma harmonia complexa e a simplificação da sonoridade geral. O primeiro reflete, sem dúvida, o conhecimento e a experiência que os dois cancionistas mantiveram com a música norte-americana. O segundo já revela uma consciência fina daquilo que realmente soa após a intervenção impessoal dos aparelhos de gravação. Mas ambos os gestos se aliam em busca do núcleo vital da canção, por trás dos estilos, das modas e de todas as variáveis da época.

JOÃO GILBERTO

Na dicção de João Gilberto, o tratamento harmônico é inteiramente concebido para o violão. A participação eventual dos instrumentos de orquestra só se dá em termos de pontuações ou fraseados breves que sublinham uma passagem ou outra. A complexidade e a ordenação dos encadeamentos harmônicos, criando as famosas dissonâncias tonais, estão concentradas no movimento dos acordes sobre o braço do violão.

Ora, pela própria natureza desses instrumentos, o volume da emissão da harmonia é significativamente baixo. Um violão acústico não pode concorrer, em termos de volume de som, com qualquer instrumento de orquestra e nem mesmo com o piano. Sua intensidade natural só se compatibiliza, sintomaticamente, com a voz. E com a voz sem tratamento especial, pois basta uma leve impostação para encobrir a atuação e o brilho do instrumento. Ao mesmo tempo que reproduz com fidelidade um percurso harmônico complexo, o violão, sem amplificação elétrica, atinge o máximo de seu rendimento acompanhando a voz num volume bem próximo da fala corrente. Na dicção de João Gilberto, voz e violão constituem uma só fonte sonora captada pelos microfones e amplificada de acordo com as necessidades momentâneas sem que se altere a proporção de volume entre ambos.

Do ponto de vista rítmico, a batida regular que o cancionista articula na mão direita está plenamente conectada à tradição regular do samba. Ocorre que, dentro de seu projeto geral de despojamento, além da filtragem de volume e de timbres que já comentei, João Gilberto omite também a obviedade contida na marcação dos temos fortes — aquilo que, numa batucada de escola de samba, equivaleria à marcação periódica do surdo — deixando-a, entretanto, fartamente sugerida nos impulsos dos toques intermediários. O resultado é um samba, mas um samba compatibilizando com o tratamento centrípeto e econômico que se caracterizou na bossa nova.

Quando ao texto, mesmo este é submetido ao crivo do intérprete que rejeita as mensagens cujo peso semântico possa se sobrepor à articulação da sonoridade. Para João Gilberto, o texto ideal é levemente dessemantizado, quase um pretexto para se percorrer os contornos melódicos dizendo alguma coisa: afinal, a voz, por ser voz, deve sempre dizer alguma coisa. Daí sua predileção por canções líricos-amorosas sem tensividade passional, pelas canções quase infantis, "O pato", "Lobo bobo", "Bolinha de papel" e o modelo de suas raras composições, como as famosas "Bim bom" e "Hó-bá-lá-lá", verdadeiro manifesto de despojamento de conteúdo.

Por fim, a noção de ouvido musical — fonte de habilidade intuitiva do cancionista — pode ser redimensionada dentro das propostas interpretativas de João Gilberto.

Parece, realmente, que o ouvido dos cancionistas possui uma *Gestalt* própria: concebe a harmonia tonal, não tanto como um conjunto de notas que gravita em torno de um núcleo, mas como um som compacto que aclimata as progressões melódicas e que reflete acusticamente as tensões propostas no texto; adota algumas sequências de acordes, quando toca algum instrumento, e algumas regularidades rítmicas como pontos demarcatórios para a invenção melódica, incorporando a periodicidade como parte integrante da criação. Propõe e memoriza a melodia pelo texto utilizando as sílabas tônicas como acentuação musical. Enfim, se a tendência geral do músico é desenvolver um ouvido analítico, chegando às unidades mínimas do som — embora não perca a noção do todo —, o ouvido do cancionista privilegia o tratamento global da obra, não se importante com alterações localizadas. Daí a inoperância da notação tradicional para os estabelecimentos da canção.

Quando Noel Rosa levou o samba "Com que roupa" para que Homero Dornellas o transcrevesse em partitura, o maestro teria identificado uma semelhança flagrante entre as primeiras notas do samba e as mesmas do Hino Nacional. Nenhum problema: a progressão inicial ascendente tornou-se descendente e nem por isso deixou de ser o mesmo samba. O cancionista, em geral, tem boa coordenação rítmica, boa afinação e sabe precisar o que quer, mas seu ouvido tende a se estruturar por módulos e não por unidades minúsculas.

A preocupação excessiva por detalhes sonoros, tão comum no

meio erudito, produz um efeito destoante entre os cancionistas. Esta é uma das extravagâncias atribuídas a João Gilberto: valoriza demais as unidades musicais da canção. Mas a perspectiva é bem outra.

Assim como Dornellas alterou o samba de Noel para desviar seu efeito de sentido, João Gilberto mexe em detalhes de duração, de frequência, de intensidade no texto, omite ou acrescenta trechos das canções para obter um outro efeito global, uma outra coerência interpretativa que em nada ameaçam a identidade da composição. Pelo contrário, esta mostra-se especialmente fecunda por inspirar transformações e por se revelar flexível às manobras personalistas do intérprete. E o compositor ainda sente orgulho da composição que não é mais a mesma. João Gilberto é o cancionista-intérprete levado às últimas consequências. É um *recompositor*, e a *recomposição* é prática corriqueira no domínio da canção popular.

Pensando na dição de João Gilberto, é mais fácil compreendemos a identidade e a diferença entre o músico-intérprete e o cancionista-intérprete. O músico busca, mediado pela partitura, executar aquilo que o compositor fez. O cancionista, aquilo que ele deixou de fazer.

Quando o cancionista-compositor propõe seus módulos sem preocupações excessivas com as unidades menores já está, virtualmente, preparando suas canções para as futuras interpretações.

ACORDES: ENGATE E DESENGATE

A dicção de Tom Jobim, de seu lado, passa pela concepção musical dos arranjos orquestrais e por seu instrumento íntimo, o piano. Jobim preocupa-se com a densidade. Não tolera excesso de notas ou de timbres. Preocupa-se com o que realmente soa no plano do ouvinte. Utiliza o essencial para caracterizar a função harmônica de acorde e elimina as notas de reforço — quintas ou duplicações, de modo geral.

Mas a harmonia na composição de Jobim é um caso à parte. Cada acorde contém uma fonte de energia melódica que orienta o sentido do percurso, como se toda a substância proteica da melodia estivesse armazenada no encadeamento harmônico.

Já vimos, até aqui, que a melodia pode desenvolver-se sob a modalização do *ser* ou do *fazer*; pode receber maior ou menor carga tensiva em suas frequências (passionalização) ou em suas acentuações (tematização), fazendo oscilar as impressões de um nível psíquico a um nível físico; pode ainda, e quase sempre o faz, seguir um projeto entoativo, articulando seus tonemas — descendentes, ascendentes e suspensivos — e suas ondulações de acordo com as intenções de enunciação (figurativização). Todos esses são recursos que tornam o devenir melódico impregnado de sentido.

No modo de composição anterior à bossa nova, a programação melódica gozava de certa autonomia com relação aos acordes de acompanhamento. Era comum a composição sem auxílio de instrumento. A partir da intervenção de alguns fragmentos melódicos, dentro de uma trajetória tonal intuída, propunha-se um texto adequado e, mais tarde, em função de alguma gravação ou apresentação, estabeleciam-se os acordes de prazer para a entrada dos timbres previstos no arranjo, geralmente concebido por um maestro. Tais acordes apenas completavam a estrutura harmônica das notas soladas pela voz, criando uma densidade agradável ao ouvido. Vez por outra, o acorde acumulava a função de desconectar a melodia de sua progressão natural, conectando-a, em seguida, a uma nova trajetória. Isso ocorria, em geral, na passagem da primeira para a segunda parte.

De qualquer forma, o sentido prevalente já vinha investido no continuum melódico bem antes ou independentemente da cobertura harmônica.

O acréscimo de sentido trazido pela bossa nova e, particularmente, pela dicção de Tom Jobim, está mais para as acepções de *rumo*, *direção* ou *orientação*, também pertencentes ao campo semântico da palavra sentido, que para os processos remissivos que respondem pela integração entre texto e melodia. Um acorde de Jobim é um dispositivo harmônico que, não apenas reforça a densidade do solo principal, mas, sobretudo, intercepta a corrente melódica rompendo sua previsibilidade e sugerindo outros encaminhamentos até então considerados dissonantes pelos ouvidos não familiarizados. Assim, posso dizer que os acordes alterados são dispositivos de engate de novos sentidos melódicos, ou seja, de novos rumos, novas trajetórias para a melodia. É quando a tonalidade abandona o seu núcleo — tônica, subdominante, dominante — em busca de outras possibilidades de exploração do seu território.

Os contemporâneos de Jobim que acompanhavam a música norte-americana também utilizavam acordes dissonantes em todas as suas produções. A diferença está na economia do uso. Ciente da eficácia do dispositivo, o autor compensava sua aplicação com parcimônia das manobras melódicas. Bastava a presença do acorde para modificar a fisionomia do perfil melódico, mesmo que o motivo em si não sofresse qualquer alteração. Suas melodias que manifestam o centro nevrálgico da bossa nova, aquelas gravadas nos três primeiros LPs de João Gilberto, seguem rigorosamente este princípio: acordes bem alterados com funções harmônicas muitas vezes complexas e melodias pouco alteradas com motivos recorrentes.

Podemos extrair daqui uma diferenciação entre o trabalho de João Gilberto e de Tom Jobim, embora ambos perseguissem a mesma meta. Enquanto o compositor já propunha a riqueza harmônica junto com a melodia de suas peças, João refazia harmonizações de canções antigas — de Ary, Caymmi, Geraldo Pereira etc. —, inserindo-as na força expressiva da bossa nova. Na voz e no violão do intérprete todas se nivelavam como perfeitas representantes do movimento. Mas a concepção harmônica de Jobim, já no ato da composição, deve ter determinado a preferência absoluta do intérprete por suas criações.

A princípio, as novas possibilidades harmônicas deveriam favorecer a formação das melodias passionais já que suas alterações atingem, antes de tudo, as frequências. Isso de fato pode ser verificado em diversas canções de amor compostas pelo músico, grande parte em parceria com Vinicius, cujo exemplo mais recente é a popular "Luiza." Mas, durante a bossa nova, a função dos acordes alterados era bem outra. Provocava o desvio da melodia ou, mais precisamente, do sentido e direção da melodia sem alterar fisicamente seu percurso. Esse procedimento estava adequado a um outro aspecto do projeto geral do movimento de 1958: a estilização do samba ou a incorporação de sua essência rítmica. Isso não apenas com relação à batida de acompanhamento, mas, sobretudo, ao tratamento da linha melódica do canto que, através de suas sucessivas tematizações, deveriam indicar as novas células básicas da rítmica brasileira. Portanto, a dissonância aplicada à periodicidade temática gerou o modelo melódico que denominamos bossa nova: reiteração de motivos embebidos na acentuação do samba, sutilmente deslocados de suas rotas pela ação desengate/ engate dos acordes alterados. Essa solução revelou-se altamente econômica e fecunda a ponto de criar um modo de composição até hoje retomado e imitado em todo o mundo.

O "Samba de uma nota só", por exemplo, foi uma grande ideia inspirada na introdução de "Night and Day", fruto da fértil parceria com Newton Mendonça, mas não deixa de ter sido também a experiência limite de manipulação do sentido melódico com as manobras de encadeamento harmônico. No curso da primeira parte, a frequência da voz simplesmente não oscila e, no entanto, seu sentido vai se transformando, sob a influência do encaminhamento dos acordes, produzindo impressões de começo, meio e fim.

Entretanto, para avaliarmos a fertilidade do projeto bossa nova, não podemos nos ater apenas a casos extremos de obras únicas. Vejamos como a dicção de Jobim se manifesta em obras *comuns*, pois essas dão indícios mais seguros sobre o funcionamento normal e regular da linguagem.

Corcovado
Um cantinho, um violão
Este amor, uma canção
Pra fazer feliz a quem se ama
Muita calma pra pensar
E ter tempo pra sonhar
Da janela vê-se o Corcovado
O Redentor, que lindo!
Quero a vida sempre assim
Com você perto de mim
Até o apagar da velha chama
E eu que era triste
Descrente desse mundo
Ao encontrar você eu conheci
O que é a felicidade, meu amor

"Corcovado", texto, melodia e harmonia de Jobim, ilustra inteiramente o que vimos comentando.

```
 1              2                    3
 ___            ___                  ___
                                            quem
 um  ti    vi  lão   este  mor  ma   ção           se a
 can nho um    o      a    u    can  pra  zer  liz      ma
                                      fa   fe   a

 4                 5
 ___               ___
 mui  cal   pra   sar
  ta   ma   pen    e   tem   pra  nhar
                  ter  po    so
```

Tom: Am6

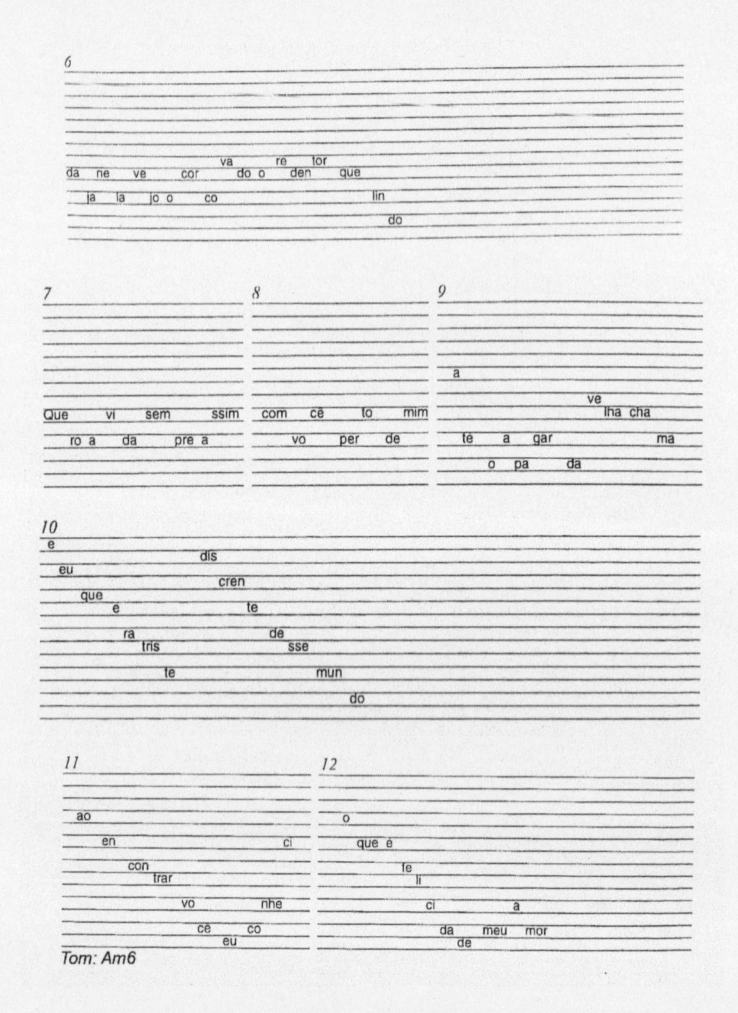

Os dois primeiros segmentos melódicos possuem idêntica conformação física, mas sentidos nitidamente inversos. Apesar de já termos um acorde alterado Am6 na abertura, ainda não há diretividade suficiente para canalizar sua força tensiva. Este acorde com esta melodia pode dar sequência a inúmeras trajetórias perfeitamente integradas à sonoridade inicial. A aplicação do segundo acorde Ab° (b13), no início do segmento seguinte, harmoniza a mesma melodia, mas engata um sentido tensivo bem mais restritivo e acentuado.

Aqui cabe um esclarecimento harmônico. O acorde Ab° (b13), tocado isoladamente, é quase um ruído autônomo, muito menos definido, do ponto de vista tonal, que o acorde anterior, Am6. No entanto, procedendo à passagem deste último acorde ao seguinte, Gm7, adquire uma função ao mesmo tempo ativa e retroativa. Ativa porque exerce forte tensão sobre as principais notas que caracterizavam o acorde de Gm: a fundamental e a terça (G Bg). O acorde de Ab (b13) contém as frequências Ab e Cb (ou B), sensíveis superiores e, portanto, polarizadoras das mencionadas notas, tensão que se acentua em virtude do movimento cromático descendente desde o primeiro acorde.

Na configuração invertida do violão:

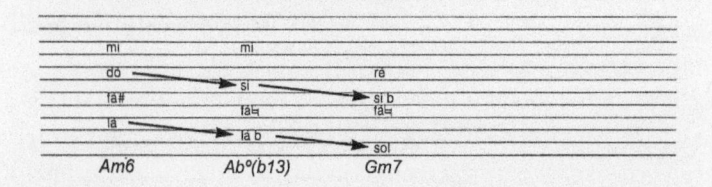

```
─────────────────────────────────────────
        mi          mi
        dó                      ré
        fá#         si
                                si b
        lá          fá♮         fá♮
                    lá b
                                sol
─────────────────────────────────────────
        Am6         Ab°(b13)    Gm7
```

Retroativa porque o sentido definido com esse segundo acorde determina de vez a rota do primeiro, extraindo dele a função de simples dominante (como se fosse um D7 (9) preparando um G7 (13).

Na verdade, toda a progressão musical, do primeiro ao terceiro segmento, descreve uma trilha composta de sucessivas dominantes encadeadas que só se distendem, temporariamente, ao atingir o acorde da FM6 no final da última sílaba deste trecho.

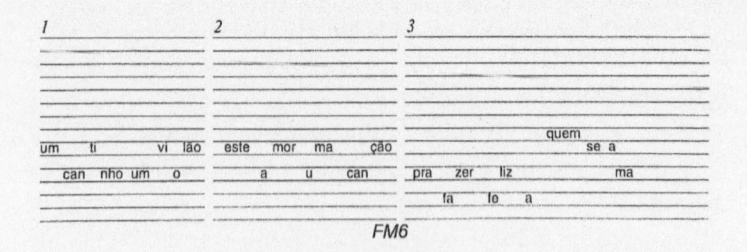

```
1                    2                        3
_____    _____   _____
_____    _____   _____
_____    _____   _____
_____    _____   _____
                                                       quem
um  ti     vi  lão   este  mor  ma   ção     _____se  a
 can  nho um   o       a    u     can         pra  zer   liz        ma
_____    _____    ta   le   a
                              FM6
```

Eis um percurso bem característico da bossa nova de Jobim. Trajetória melódica quase sem variação, mas com o sentido palmilhadamente modulado pela condução harmônica. Como se o acorde desbravasse o caminho e a melodia apenas tomasse posse. Bem ao contrário da conduta anterior, quando a função da harmonia era perseguir a melodia, livre nas inflexões, mas totalmente subordinada aos roteiros fortemente centrípetos da tonalidade — podemos pensar no modelo de uma pajem que acompanha a criança por onde ela for desde que não ultrapasse uma pequena área prefixada.

Jobim conquista as novas zonas de sentido musical não com a melodia, mas com a harmonia. À melodia da bossa nova sempre reservou um comportamento reiterativo entre a tematização e a enumeração entoativa. A razão disso pode ser encontrada, até certo ponto, em "Corcovado."

O texto desta canção retrata um estado final de conjunção plena com os valores responsáveis por sua felicidade: *cantinho*, *violão*, *amor*, *canção*, *calma*, *sonho* e a *paisagem carioca*. Esse estado eufórico já descarta as tensões passionais que seriam obtidas basicamente com a ampliação de frequência e duração. Da paixão permanecem apenas algumas discretas sustentações de notas que modelizam o percurso melódico com o *ser*, compatibilizando essas desacelerações com o estado inerte e contemplativo em que se encontra o enunciador.

A tematização melódica *stricto sensu*, modalizada pelo *fazer*, também está descartada pela própria concepção do texto entregue ao tempo final de uma ação:

> Ao encontrar você eu conheci
> O que é felicidade meu amor

Nesse caso, como já vimos, a reiteração melódica está mais para a enunciação entoativa que para os impulsos somáticos próprios do gênero. É quando o motivo melódico se faz denominador comum dos valores, das virtudes e dos desejos, reunidos todos na conjunção com o enunciador.

Nesse sentido, os dois primeiros segmentos, agregando valores de mesma natureza no texto, repetem, na melodia, os mesmos motivos. O terceiro segmento, um pouco mais comprometido com a dimensão passional, assinala uma pequena alteração do seu ponto médio ao tonema final: a melodia sobre cinco semitons, e a vogal da penúltima sílaba prolonga-se significativamente.

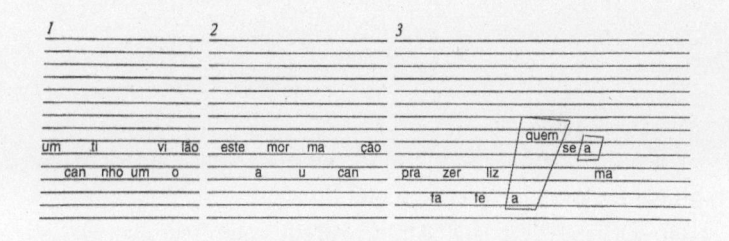

```
1_____ 2_____ 3_____
                                                    quem
                                                       se a
um ti      vi lão  este mor ma  ção   pra  zer  liz
can nho um  o       a   u  can         ta   te  a        ma
```

Todo esse percurso, calcado numa linearidade fortemente reiterativa, possui um sentido tão variado quanto lógico, assegurado pelas intervenções ininterruptas da base harmônica. São seis acordes que afetam o sentido das curvas. Ao mesmo tempo que buscam a conclusão parcial, suas dissonâncias vão aclimatando a progressão melódica e substituindo, qualitativamente, as tensões evitadas nos contornos. Exemplo típico é o acorde de F° que acompanha a duração da penúltima sílaba *a* (em *ama*). É a tensão linear da melodia condensada na densidade dominante do acorde. Com isso eliminam-se exageros passionais, mantendo um nível de tensão emotiva controlado mais pelos recursos musicais do que pela espontaneidade entoativa.

Essa foi uma das grandes recuperações da bossa nova, numa época em que o derramamento passional de melodia imperava nas rádios. Jobim recolheu as tensões dos contornos e condensou-as nos acordes. Podia, então, evitar os excessos suspeitos que rondavam as inflexões, bastando para isso um bom aproveitamento do sentido melódico já conduzido pela harmonia.

"Corcovado" segue seu devenir mantendo a mesma conduta, com seus motivos reiterando ora pouco mais acima, ora pouco mais abaixo, mas sempre sob a determinação dos acordes alterados, até que a primeira parte se interrompe com uma figura exclamativa.

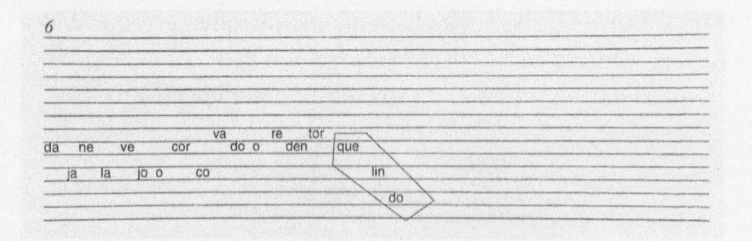

```
6
                        va    re  tor
    da  ne  ve  cor    do o   den   que
    ja  la  jo o  co                    lin
                                        do
```

É um breve extravasamento da enunciação cuja moderação também faz parte da dicção de Jobim.

Do segmento VII ao XIX temos a repetição melódica dos segmentos I, II e III com uma versão de letra bastante próxima à primeira.

Somente à altura do décimo segmento vamos encontrar uma modificação do esquema melódico que coincide com a mudança do registro linguístico. Sobre acordes bem semelhantes aos da primeira parte, a melodia se reveste de tensão passional e descreve amplas progressões descendentes, ao mesmo tempo que o texto relata uma fase anterior, marcada pela disjunção efetiva.

```
10
  e
           dis
   eu
              cren
     que
        e        te
           ra        de
             tris     sse
              te       mun
                         do
```

No segmento XI, a curva já adquire um sentido continuativo com a mudança de rota ocasionada pelo tonema ascendente, contrastando e se complementando com a descendência do último segmento, que ratifica o estado conjuntivo pelo qual toda a composição se pautou.

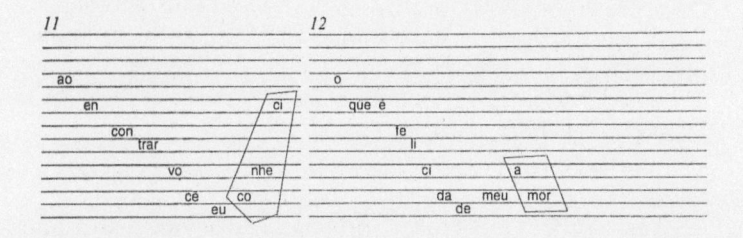

```
11                        12
  ao                        o
    en         ci            que é
      con                      te
        trar                    li
          vo    nhe              ci      a
           cê   co               da meu  mor
              eu                   de
```

Interessante observar que a mudança de tonema do segmento XI para o segmento XII é suficiente para transformar completamente o sentido das curvas que, não obstante, possuem exatamente a mesma sequência inicial.

> Luiza
> Rua, espada nua
> Bóia no céu imensa e amarela
> Tão redonda a lua
> Como flutua
> Vem navegando
> O azul do firmamento
> E no silêncio lento
> Um trovador, cheio de estrelas
> Escuta agora a canção que eu fiz

> Pra te esquecer, Luiza
> Eu sou apenas um pobre amador
> Apaixonado
> Um aprendiz do teu amor
> Acorda amor
> Que eu sei que embaixo desta neve
> Mora um coração
> Vem cá, Luiza
> Me dá tua mão
> O teu desejo é sempre o meu desejo
> Vem, me exorciza
> Me dá tua boca
> E a rosa louca
> Vem me dar um beijo
> E um raio de sol
> Nos teus cabelos
> Como um brilhante que partindo a luz
> Explode em sete cores
> Revelando então os sete mil amores
> Que eu guardei somente
> Pra te dar, Luiza

Resumo aqui as três funções principais do acorde dissonante na dicção de João Gilberto e Tom Jobim, na fase da implantação da bossa nova:

- Agente modalizador do sentido (direção) melódico;
- Agente condensador da tensão passional;
- Caracterização de uma totalidade compacta apropriada para a batida rítmica regular.

A primeira compreende as operações de desengate e engate que transformam o sentido subjacente da rota do continuum melódico. A segunda função é aquela que transfere para dentro do acorde as tensões de frequência, substituindo o esforço de emissão pelas tensões de polarização tonal. A última função, por fim, corresponde ao uso do acorde cristalizado como instrumento de percussão. Daqui sai o samba estilizado em bossa nova.

Essas funções contribuem para a invenção de melodias reiterativas e pouco expansivas no campo da tessitura. Presumível, uma vez que o sentido melódico passa a depender menos das inflexões em si e as matrizes rítmicas se configuram melhor com a repetição de seus motivos. A bossa nova se torna, assim, um movimento musical que culpa o próprio gênero como fase de dicção. Imperam as tematizações ou as entoações enumerativas. Os conteúdos disfóricos, que poderiam implicar grandes desvios de curva melódica, são tratados quase esquematicamente, não como experiência revivida no canto, mas como recurso expressivo, uma espécie de ornamentação para produzir encanto.

A esquematização dos recursos persuasivos — tematização, passionalização e figurativização — atingiu um tal grau de controle e de funcionalidade estética que uma canção como "Garota de Ipanema" pôde ser concebida em termos de oposição absoluta entre tematização e passionalização, uma regendo a primeira parte e a outra, a segunda:

PRIMEIRA PARTE: TEMATIZAÇÃO

olha		linda		graça		nina		
que	coisa	mais	cheia	é	ela	que	vem e	passa
	mais		de		me			que

Texto

▷ Qualificação da "Garota de Ipanema", caracterizando sua maneira de ser, de agir e sua capacidade de produzir fascínio;
▷ Enunciador em estado de conjunção com os valores visuais;
▷ Valorização dos ataques consonantais e dos acentos vocálicos.

Melodia

▷ Reiteração perseverante do motivo engendrando uma configuração temática que ecoa o investimento temático da *garota*;
▷ Modalização do *fazer*;
▷ Tensividade somática produzida pela pulsação extremamente regular e marcada;
▷ Tom: cm.

SEGUNDA PARTE: PASSIONALIZAÇÃO

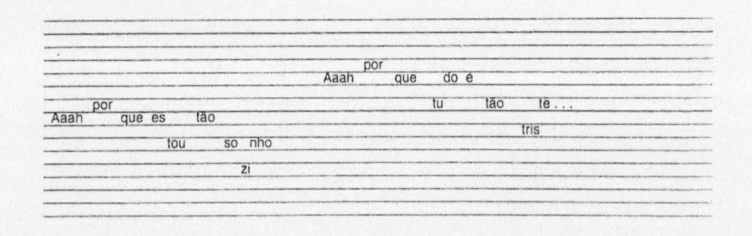

```
                              por
                    Aaah    que    do é
        por                            tu      tão    te...
Aaah    que  es    tão
              tou    so   nho                     tris
                     zi
```

Texto

▷ Focalização de um estado interno passivo e disfórico;
▷ Enunciador em disjunção afetiva;
▷ Interjeições lamuriosas;
▷ Valorização dos prolongamentos vocálicos.

Melodia

▷ Ampliação das durações e do campo de tessitura utilizado;
▷ Concentração do sentido melódico em cada contorno;
▷ Modalização do *ser*;
▷ Projeção gradual dos contornos sobre o agudo;
▷ Aumento de tensividade passional e neutralização provisória dos estímulos somáticos;
▷ Tom: D bM.

O controle funcional da paixão delineada na segunda parte é completo. Trata-se apenas de um cenário afetivo cuja tensão de solidão é dosada na medida exata de anseio pela garota. O sentimento de falta é o fundo para fazer a figura da garota brilhar.

A bossa nova suprime o compromisso existencial com a paixão, assumindo apenas seu valor estético como um recurso a mais para acariciar o belo. A bossa nova legítima nunca abdicou do sonho: *nem do amor, nem do sorriso, nem da flor*. Seu controle dos recursos técnicos era apenas o resultado de um domínio total da linguagem. João Gilberto e Tom Jobim tiveram, naquele momento, a canção brasileira nas mãos. Debulharam-na e mostraram a medula.

Essas marcas essenciais do movimento permaneceram de forma diluída ou fragmentada em toda a música popular contemporânea. João Gilberto aprofunda cada vez mais sua análise interpretativa da canção brasileira com a radicalidade de um mito que já tem seu lugar plenamente assegurado. Jobim retomou algumas vezes aqueles traços essenciais da primeira hora e produziu novas obras-primas do gênero, como "Águas de Março", por exemplo, já na década de 1970.

Entretanto, Jobim, como compositor, fez incursões por outros estilos que nem sempre mantiveram o despojamento e a economia textual e melódica da bossa nova. Um deles, por exemplo, beirou a experiência épica, inspirada nas aventuras linguísticas de Guimarães Rosa: "Matita Perê", disco e música. Outro, mais próximo do mercado, deu origem a algumas valsas veiculadas pelo cinema e pela televisão: "Tema de amor de Gabriela" e "Luiza."

1

```
                    no céu
Rua       nua    a        i        a                    lua      tua
   es       boi              ma
                              re       don          co
                               la   re   da a
                                 tão
                      sa e
      da                                                       flu
              men
  pa                                                      mo
```

2

```
                              cio lento      dor
                    mamen      len    um
     vegan          fir     to e   si
                             no
   na    do a   do
           zul
Vem                                            va
                                       tro
```

3

```
                                                    luiza
                                                    cer
chei         ta a                           que
     trelas  escu  go
             ra      ção          te es
                         que eu
                         fiz
  de es                        pra
  o                   can

                  a
```

4

```
eu
                bre a
                    mador  nado
                a        um    diz      mor
sou                              do
     a
                    xo
                          pren       a
     pe
     nas   po    pai      a
     um
                                  teu
```

5

```
                              mora     ra
                         ne        um   ção
                              ve    co
a
                         ta
  da mor          des
        que eu  que em xo
              sei
                    bai
cor
```

6

```
Vem  Lu                    dese
        iza         mão  teu   jo e       meu                  ciza
            me        o                    de
                                           se        e
                                           jo   me  xor
                                        vem
                                 pre o
                tua
    cá                                    sem
          dá
```

7

```
                                            de sol
                                 um bei    io
                    sa lou     dar    jo e   ra
                                       um
         boca   ro    ca    me
                          vem
me            e a
                tua

     dá
```

8

```
                      brilhan
           belos  mo um    te que                te co
nos            co            partin                   res
                              do a luz
                                      explo
                                       de em se
        ca

teus
```

Tom: Cm

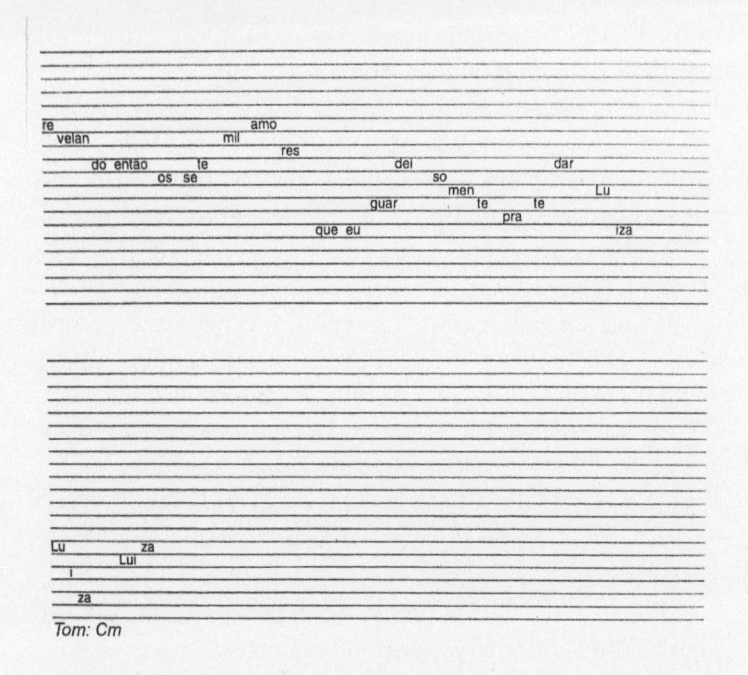

"Luiza" retrata uma outra faceta da dicção do compositor e, ao mesmo tempo, revela um caráter cíclico na evolução da linguagem da canção. Assim como outras composições do próprio Jobim, ela recupera integralmente a tensão passional.

Embora conserve a marca dissonante no decorrer de toda a sua harmonia, as funções dos acordes alterados não são mais as mesmas. De modalizadores do sentido e condensadores da tensão passional eles passam a auxiliares de um percurso melódico por si só complexo e altamente variado. Quanto à função percussiva, esta evidentemente desaparece pois não se trata mais de samba ou de bossa nova. "Luiza" é uma valsa com uma série de características do gênero antigo, na qual se incluem as próprias funções harmônicas dos acordes. A música está em tonalidade menor (Cm), transita pelas funções básicas de subdominante e dominante e incursiona por tonalidades relativas vizinhas como

AbM e EbM. Mas os acordes são tão dissonantes que temos a impressão de que a qualquer momento o centro tonal pode ser abandonado definitivamente.

Tudo ocorre como se fosse a recuperação das melodias expansivas do período pré-bossa nova, num contexto harmônico pós-bossa nova. Ao ouvirmos, temos a impressão de uma fisionomia melódica conhecida, mas com vários pontos de desengate que são ultrapassados mais pela força de continuidade melódica do que pela solução harmônica. Em outras palavras, o acorde não aponta a direção para melodia, engatando-a num encadeamento harmônico, como era de praxe na bossa nova. Ele persegue seu curso oferecendo, ao mesmo tempo, uma base e uma via de escape.

Mas, sem dúvida, o sentido volta a ser conduzido pelo contorno, e a própria relação com a paixão reabilita seu vínculo existencial.

No texto, a disjunção amorosa é manifestada por um profundo sentimento de falta e uma intensa necessidade e desejo de aproximação:

> Vem cá, Luiza, me dá sua mão
> Me dá tua boca...vem me dar um beijo
> (...) sete mil amores
> Que eu ganhei somente
> Pra te dar, Luiza

Para retratar esse estado de paixão, o percurso melódico é articulado por dois componentes básicos:

```
1 _____
  _____
  _____
  _____
  _____
  _____
  Rua      nua _____
      es _____
  _____
  _____
       da _____
       pa _____
```

1. Um módulo descontínuo delimitado por pausas, com perfil em v e descrevendo saltos intervalares.

2. Uma sequência engrenada por graus conjuntos que, às vezes, se dilatam em intervalos maiores, mas sempre em progressão contínua, sem interrupções, até esbarrar em novo módulo.

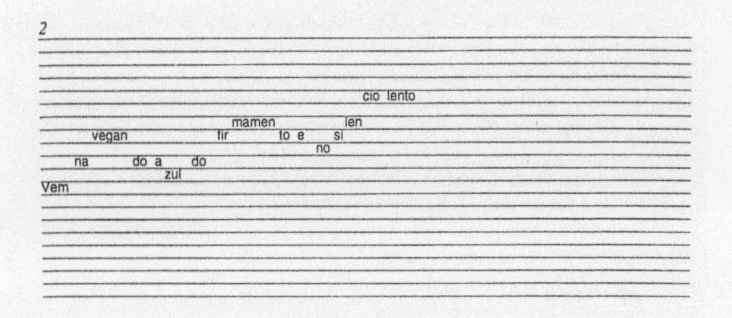

```
2 _____
  _____
  _____
                       cio  lento
              mamen      len
     vegan    tir    to e   si
                       no
    na   do a   do
             zul
  Vem
  _____
  _____
  _____
```

Com os módulos, Jobim assegura a concentração sobre o *ser* numa permanente tensão flutuante. Os motivos formados com a amplos intervalos, tonemas ascendentes e pausa final denotam um esforço constante para se atingir a nota mais aguda pois não há gradação. A emissão deve alcançar diretamente a frequência a partir de um impulso sobre as notas graves. Durante toda a canção, esses módulos funcionam como impulsos que mantém a tensão viva mas estável.

Com as sequências, o compositor realmente movimenta o estado passional fazendo oscilar a margem de tensão investida.

Tudo ocorre como se os módulos representassem os estados de paixão cristalizados em compasso de espera, e as sequências, as transformações desses estados em termos de maior ou menor intensificação.

Nos dois primeiros segmentos temos uma espécie de projeto do que prevalecerá por toda a canção: *módulo-sequência-módulo-sequência*.

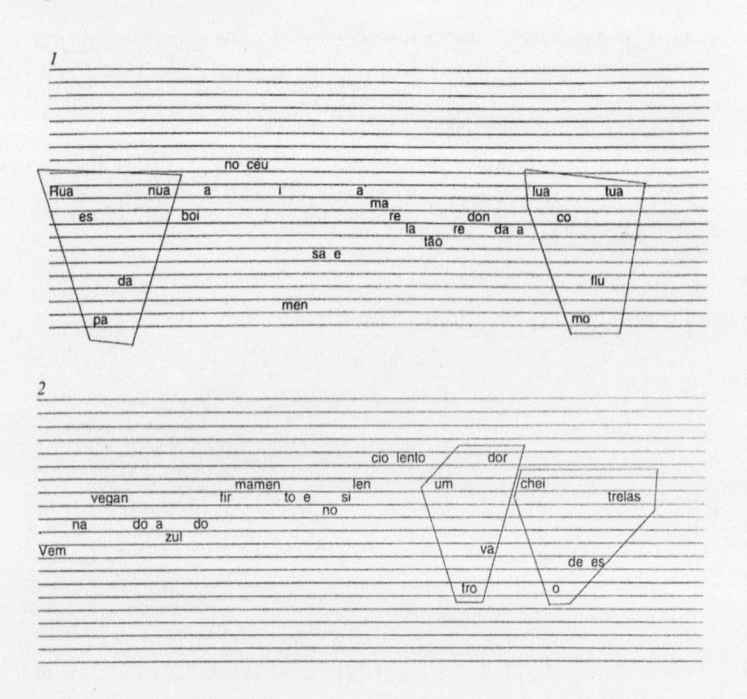

```
1
                    no céu
  Rua      nua    a    i     a'              lua    lua
                              ma
     es       boi            re      don       co
                              la   re  da a
                              tão
                         sa e
       da                                          flu
                        men
    pa                                        mo


2
                              cio lento   dor
                   mamen    len    um     chei
       vegan    fir   to e   si                    trelas
                              no
    na    do a   do
             zul
   Vem                                va
                                          de es
                                  tro     o
```

Convém observar que, logo na primeira sequência, surge um fragmento de memória melódica do módulo, mas já num contexto coordenado com o movimento sequencial.

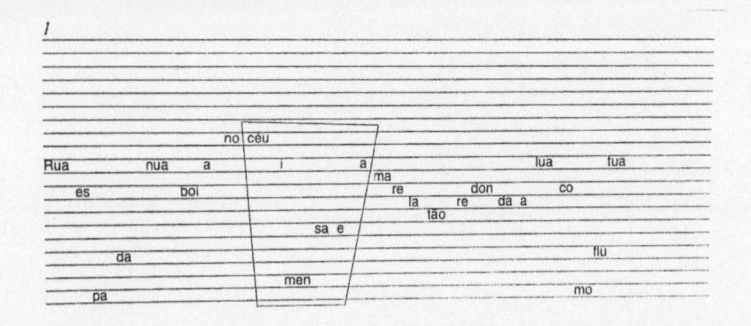

```
1
                    no  céu
   Rua     nua    a    |      a                   lua    tua
                              ma
        es       boi          re       don      co
                              la   re   da  a
                              tão
                        sa  e
        da                                         flu
                        men
        pa                                         mo
```

Apesar de o desenho manter a semelhança, não há pausas isolando o motivo e nem um tratamento especial em termos de duração. Suas sílabas são pronunciadas com a mesma dinâmica das demais.

Este projeto melódico inicial está em sintonia com a extensa metáfora introdutória que antecede a narrativa propriamente dita. Assim, ao se deslanchar, no segundo segmento, a sequência engrenada descreve o navegar da *lua* em pleno *firmamento* até ancorar no *trovador cheio de estrelas* com dois módulos anunciando o novo estado:

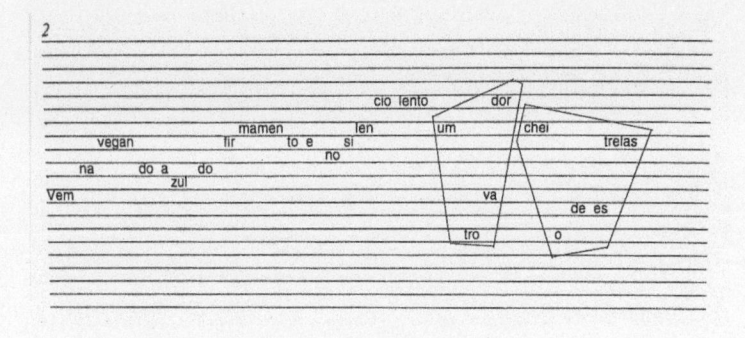

```
2
                                    cio  lento   dor
                        mamen    len       um    chei
        vegan      fir     to  e   si                    trelas
                                   no
   na       do a    do
                zul
   Vem                                      va
                                                 de  es
                                            tro    o
```

Despontando a narrativa, no terceiro segmento, configura-se o núcleo da tensão passional, com a identificação nominal do alvo do desejo do enunciador — *Luiza* — e com sua malograda tentativa de sustentar a separação:

> Escuta agora a canção que eu fiz
> Pra te esquecer, Luiza

O drama é registrado pela precipitação quase descontrolada da sequência em direção ao ápice do agudo para, de lá, enunciar, pela primeira vez, o nome da amada. A própria tonalidade menor se abre em C7M (9).

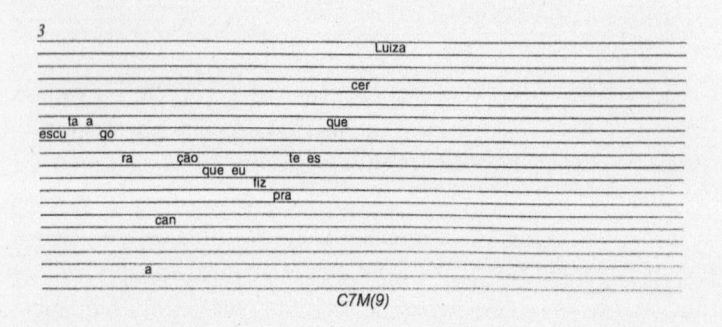

```
3
                              Luiza
                        cer
         ta a              que
    escu    go
           ra   ção       te es
                que eu
                     fiz
                       pra
            can
              a
                              C7M(9)
```

Deste ponto máximo, atingido pela única vez em toda a canção, a melodia escorre em distensão, mas, imediatamente, recobra o agudo, só que desta feita sob a forma estável dos módulos. E numa sucessão desses, o enunciador revela seu estado de *amador*, *apaixonado* e *aprendiz*.

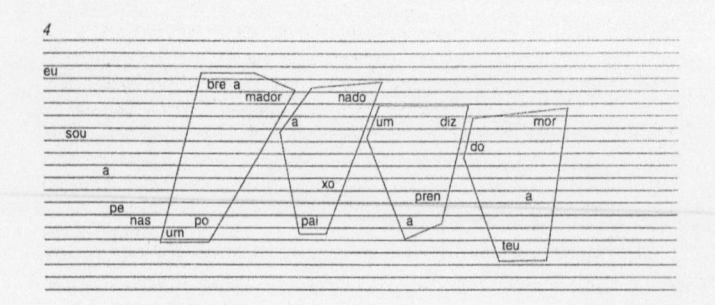

```
4
eu
        bre a
            mador    nado
                a      um   diz        mor
    sou                          do
       a
                   xo
                          pren      a
      pe
        nas   po    pai    a
            um
                                  teu
```

Outro fator desponta no quinto segmento com a figura de um apelo à sensibilidade da amada, numa sequência melódica que, novamente, busca a tensão das alturas... e chega a lugar nenhum.

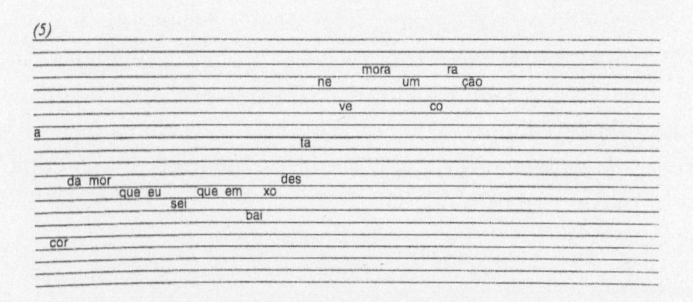

```
(5)
                                    mora      ra
                               ne        um      ção
                                    ve        co
 a
                                    ta
       da mor                des
            que eu   que em   xo
                sei
                     bai
  cor
```

Embora a melodia seja interrompida por uma pausa expressiva, após o verbo *mora*, para que *um coração* soe como desenlace, do ponto de vista harmônico o acorde não convence. Ou convence como indeterminação. Trata-se de uma dominante individual (Db7) completamente deslocada de contexto, difícil de analisar mesmo enquanto dominante. Se pensarmos ainda em sua possível função conclusiva, então não há nada mais vago. Como acorde de passagem, o seu papel fica um pouco mais claro: o baixo desce cromaticamente de D (Dm7 (9)), passa por esse Db (Db7) e atinge C (Cm7) no segmento seguinte, já como acorde inicial (incoativo) e não terminal. Esse parece o caminho mais plausível da progressão harmônica, mas o fato é que ele conclui a frase com a mesma indefinição estampada na letra. Nem o texto nem a melodia demonstram convicção na afirmativa do enunciador.

Esse recurso de indeterminação, expresso na base harmônica, era impraticável ou menos inconcebível nas canções passionais da primeira fase de nossa música popular. Hoje, depois que o próprio compositor maior da bossa nova recuperou as melodias de arrebatamento passional, esses acordes dissonantes com funções fluidas já aparecem totalmente integrados como parte das estratégias persuasivas do enunciador. Eles facilitam a tradução de matizes do espírito humano. Ao contracenar com a melodia, a harmonia enriquecida pode expressar duplo sentido, hesitação e outras nuanças que tais.

O sexto e o sétimo segmentos repetem o trajeto melódico dos dois primeiros que carreiam a metáfora da *lua*. A diferença está no texto em que o enunciador, considerando a possibilidade de conquistas e conjunção afetiva, ilumina a cena com a metáfora do *raio de sol* selando, assim, o último estado e o último módulo da canção, no final do segmento VII.

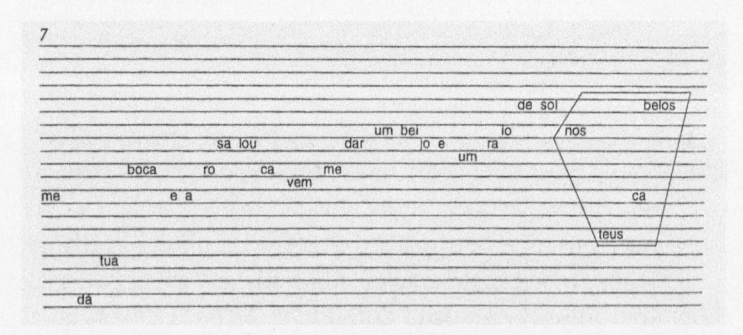

```
7
                                                    de sol      belos
                                      um bei     io    nos
                         sa lou    dar     jo e   ra
                                              um
              boca    ro      ca     me
                                 vem
me            e a                                            ca
                                                       teus
        tua
   dá
```

A partir daí, deflagra-se a derradeira sequência melódica engrenada, com um sentido conclusivo mas resvalando, em todo o percurso, na resistência aflita da tentação passional. A imagem do *brilhante* no ponto mais agudo da sequência reluz nas elevações de *sete cores* e de *sete mil amores* para depois a melodia se desativar num *rallentando* já impregnado de modalidade do *ser*. Resta, por fim, o estado de amor e o seu nome: *Luiza*.

8

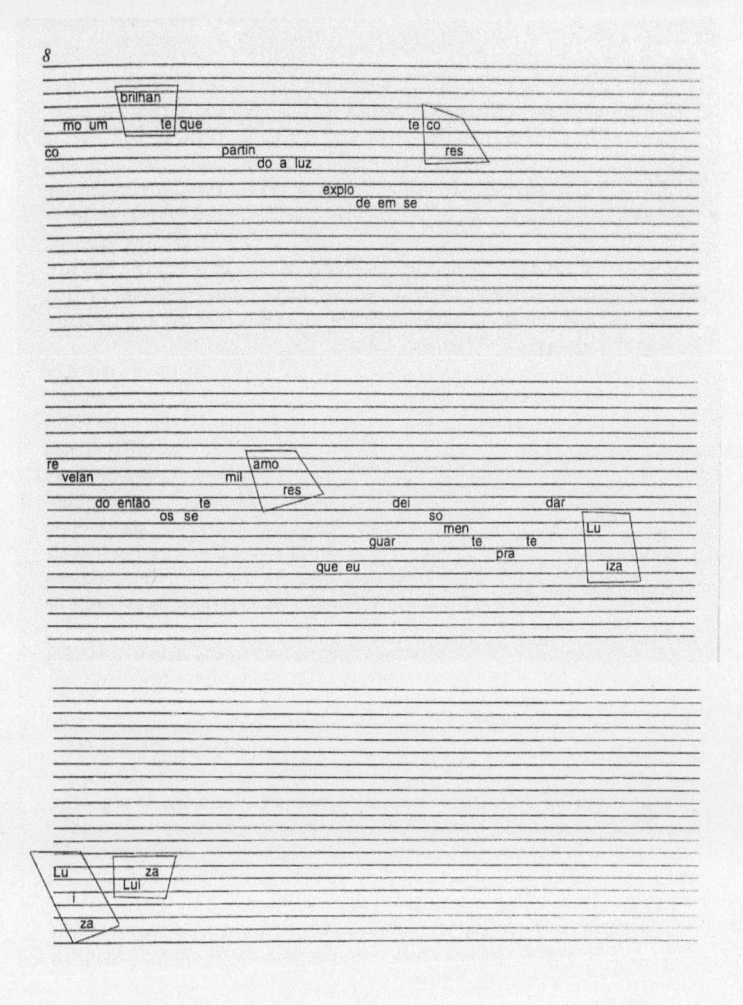

```
       brilhan
mo um    te que              te co
co          partin              res
              do a luz
                     explo
                       de em se
```

```
re         amo
  velan  mil
       res
   do então te       dei       dar
     os se          so
              guar  men  te
                     pra te    Lu
            que eu              iza
```

```
Lu   za
      Lui
  i
 za
```

A transmutação do artista[1]

Itamar Assumpção pode ser compreendido como o artista que fez caber um *eu* imenso nos limites da canção. Dotado de um verdadeiro manancial criativo, o compositor sempre precisou dizer, ou cantar, diversas frases ao mesmo tempo, inserir numa simples cantiga numerosos acontecimentos musicais e, mesmo assim, sua obra só se completava no disco integral, pleno de retomadas, vinhetas e comentários de toda espécie. Mas nem o disco lhe parecia suficiente. Seu ponto de partida era, no mínimo, uma trilogia. Não deixava escapar uma experiência, uma observação, nem mesmo uma brincadeira, sem convertê-las instantaneamente em letra, melodia e arranjo instrumental, como se tivesse a missão de escrever a crônica de toda uma vida e guardá-la num formato de obra que ele próprio criou.

Suas primeiras composições eram altamente comprometidas com o Itamar-cantor. Assinalavam a presença de sua voz grave e até de seu corpo esguio como condição indispensável para o entendimento mais profundo daquilo que apresentava. Aos poucos essa forte personalidade extramusical foi-se transformando em traços de estilo sonoro no interior das composições, de modo que outros intérpretes puderam enfim se apropriar da dicção de Beleléu e trazê-la ao mercado aberto de discos. A pergunta essencial e o grande desafio para quem quiser começar a refletir sobre o fenômeno Itamar Assumpção podem talvez se resumir

---

1. Transcrição do capítulo "A transmutação do artista", presente em *Todos entoam: ensaios, conversas e canções*, publicado pela Publifolha. O livro conta com 16 ensaios sobre a canção popular, e acompanha comentários e memórias da infância e adolescência de Luiz Tatit.

na seguinte formulação: como esse *eu*, tão fecundo quanto característico, acabou se alojando no cerne da canção popular brasileira e se tornando marca de qualidade artística disputada por grandes expoentes de nossa música?

A ENUNCIAÇÃO DO CANCIONISTA

Todos sabem que dizer *eu* num texto qualquer, oral ou escrito, significa comprometer o enunciador com o conteúdo dito. Numa letra de canção já contando com a inflexão melódica, dizer *eu* é encarnar alguém que expressa no exato momento em que canta. Afinal, emitir conteúdos com modulações entoativas é a prática mais habitual de todo ser humano. Baseados nisso, os intérpretes fazem de tudo para transmitir aos ouvintes um envolvimento pessoal com aquilo que dizem na letra.

Claro que não preciso dizer *eu* literalmente para me fazer sentir como enunciador do texto. Quando digo *você*, *tu*, *o senhor* ou qualquer outro indício de que me dirijo a alguém — imperativos, demonstrativos, nome próprios etc.—, imediatamente me instalo como *eu*, já que ninguém pode dirigir ao outro sem estar presente. E quando o texto é oral, ou cancional, conduzido por entoações ou melodias, essa presença torna-se física, se não pela participação do corpo do enunciador, como num show, no mínimo pela atuação da voz, como num disco.

Assim, toda canção tende a ser a história do intérprete, a menos que este lance mão de recursos para torná-la mais *objetiva*. É o caso das interpretações mais técnicas, em que o cantor prefere ostentar seus dotes musicais a deixar transparecer suas ênfases entoativas. Mas o que tem normalmente, é um jogo de oscilações entre formas subjetivas e objetiva: de veicular a canção, de maneira que o ouvinte possa tanto se encantar com a sinceridade do cantor quanto se divertir com sua ironia ou crítica velada ao conteúdo da letra.

Itamar trouxe de sua vivência teatral de juventude um personagem que sempre o acompanhou nas apresentações musicais, como uma espécie *eu* absoluto cuja história só poderia ser desvendada pelas canções. A cada show e a cada novo disco, os ouvintes conheciam um pouco mais desse mundo subjetivo, porém, davam-se conta de que este *eu* transformava-se em outros e tornava-se inesgotável.

BELELÉU

Em *Beleléu*, o *eu* do compositor e intérprete Itamar Assumpção ganhou nome, sobrenome e pseudônimo: Benedito João dos Santos Silva Beleléu, vulgo *nego dito*. Mas ganhou também uma identidade musical que atravessou toda a sua carreira de pouco mais de duas décadas: o rock de breque (guitarra, baixo, bateria e a própria voz articulando frases interrompidas), o diálogo com o backing vocal, os acontecimentos musicais simultâneos e a força centralizadora dos refrões. À maneira de *Sgt. Pepper's*, o LP era inteiramente dedicado às peripécias de seus artistas. Mas enquanto os músicos ingleses cantavam as carências amorosas da famosíssima banda, Itamar contava as proezas e os fracassos de seu *perigosíssimo bando*. Se lá os meninos de Liverpool *se sentiam ligados a um sargento*, aqui, os instrumentistas marginalizados se sentiam como isca de polícia, não querendo nada com milícias ou qualquer corporação disciplinar. Se lá reinava a música branca, criada pela família Lennon-McCartney, aqui prevalecia a *nega música* produzida pelo *nego dito* que não transava parente. Talvez polos diurno e noturno do mesmo talento.

O *eu-Beleléu* contribuiu sem dúvida para uma associação direta da sonoridade do disco com o seu protagonista. A negritude, a marginalidade musical, a loucura descrita em muitas passagens das letras, tudo isso convocava a figura magra e enigmática do autor que, por sua vez, nada fazia para dissociar personagem do ser em carne e osso. A complexidade rítmica dos arranjos denunciava as origens africanas; a singularidade das soluções musicais, embora fosse imediatamente reconhecida pelo público fiel, constituía uma *barreira* a mais para o seu ingresso na produção em série do mainstream; por fim, os desatinos explícitos de Beleléu misturavam-se às idiossincrasias do compositor, pouco ou nada afeito a concessões.

Mas, por incrível que pareça, havia também uma distância entre o indivíduo Itamar e seu personagem assinalada pelas caricaturas vocais, pelas tiradas humorísticas e pela ironia com a própria condição de artista excluído. As locuções radiofônicas à moda dos programas mundo-cão — *finalmente Beleléu e a banda Isca de polícia resolveram se entregar...*—, as vinhetas e, sobretudo, as intervenções do vocal, que saltavam do fundo para o primeiro plano, sempre exerceram funções apreciativas maliciosas, desfazendo o elo imediato do intérprete com seu conteúdo. Beleléu virava então um anti-herói de gibi, com atitudes caricaturais risíveis, mas não totalmente impossíveis. Embora nesse caso prevalecesse uma certa distância satírica, O criador nunca fez questão de se afastar demais da criatura.

O eu-Beleléu ancorava-se nesse disco em pelo menos quatro refrões inesquecíveis, todos eles retratando situações de fala nas quais o personagem se definia não apenas pelo que era, mas igualmente pelo que dizia a seu interlocutor. Em primeiro lugar, o famoso *Benedito João dos Santos Silva Beleléu / vulgo nego dito, nego dito cascavé*, de "Nego Dito" já se configurava de saída | como uma resposta em forma de vinheta, que se estendia desta canção para outros momentos do disco. Resposta a quem pudesse pôr em dúvida a identidade do novo personagem, símile do artista recém-chegado, que convertia a exclusão em acolhimento musical expresso no convite irresistível ao canto: o encaixe engenhoso dos acentos melódicos nas sílabas de *Benedito João dos Santos Silva*...levava o público a entoar em coro o refrão, encarnando de algum modo o ponto de vista de Beleléu. E uma vez nesta perspectiva, não era difícil assumir os demais estribilhos que apenas detalhavam a personalidade do *nego dito*, seja no âmbito do desvario, *fico louco faço cara de mau / falo o que me vem na cabeça* ("Fico louco"), seja nos imperativos de intolerância, |

deixa de conversa mole, Luzia / deixa de conversa mole...("Luzia"), seja ainda nas poucas situações românticas, *não venha querendo você se espantar / não, não, não, não, não...*("Nega música").

ÀS PRÓPRIAS CUSTAS S. A.

Os refrões de *Beleléu* garantiram a cumplicidade necessária para que o artista e seu público ingressassem na aventura explícita de *Às próprias custas*. Esse disco, gravado ao vivo em São Paulo, na sala Guiomar Novaes, era um misto de vida de palco, diálogo com compositores de todos os credos — de Adoniran a Arrigo, passando por Geraldo Pereira, Macalé e Getúlio Côrtes — experimentação musical e barateamento de custo. Mais uma vez, o LP era concebido como história única, um programa de rádio cujo título, *Mais lenha nesse inferno*, já definia o espírito do aqui-agora vivido no palco. Sob um arranjo instrumental contundente, repleto de *ostinatos* e breques, as primeiras canções mal podiam ser reconhecidas como obras de seus autores originais, dada a nova função que adquiriam no longo pronunciamento do cantor. Itamar continuava dando respostas ao samba consagrado, à música pop, ao experimentalismo erudito e aos algozes do dia a dia. O *eu* intenso do artista estava sempre ameaçado por brigas, denúncias, preconceitos e até por Frankstein!

Às próprias custas S. A. era o disco do réu. Do modo de produção — as desvantagens técnicas de um LP gravado ao vivo naqueles idos dos anos 1980 eram flagrantes — ao repertório repleto de situações de cerco, bloqueio e condenação, além da rendição redigida e assinada pelo autor na contracapa, tudo fazia do espetáculo uma sessão de julgamento em que o réu só tinha a seu favor a cumplicidade do público. No mais, a culpa por ter nascido com suas características e condições de vida: *Peço perdão pela minha ignorância / Eu venho assim desde a minha infância* ("Peço perdão"). Seu único libelo contra todas as acusações era a força das próprias canções. "Batuque", por exemplo, era a expansão comovente de seu enfoque pessoal à história da raça negra. A melodia descendente, que desemboca no batuque propriamente dito (*Deu bandeira / dançou na primeira / dançou capoeira / dançou de bobeira...*), garantia à composição um espírito de rito em homenagem ao sofrimento do povo tradicionalmente escravizado. Um belo tributo ao réu coletivo. "Que barato" e "Denúncia dos Santos Silva Beleléu" particularizavam a cena do réu indefensável entoando suas justificativas satíricas em meio às frases frias, cortantes e cortadas das guitarras algozes.

SAMPA MIDNIGHT: ISSO NÃO VAI FICAR ASSIM

O programa radiofônico, que alegorizava a conversa direta do *nego dito* com seu público, persistiu ainda em *Sampa Midnight: Isso não vai ficar assim*, de 1986. A abertura com "Prezadíssimos ouvintes", de Itamar e Domingos Pellegrini, confirmava essa tendência do compositor em fazer de seus discos momentos oportunos para um contato sem intermediações. Era no aqui-agora das faixas que o artista amplificava seu discurso fazendo uso de uma farta concomitância sonora que, ao contrário do que poderíamos supor, jamais perdia o foco principal do sentido. Cada frase vocal produzia ecos, suscitava comentários, exclamações, interagia com os riffs instrumentais, mas todos os acontecimentos só faziam ressoar a linha do cantor e o que ele desejava dizer no calor da hora. E seu principal personagem, cujo nome desaparecia de cena a partir deste disco, continuava manifestando as contradições do autor que queria — e não queria — saltar da produção alternativa para o mundo das celebridades:

> Já cantei no galinheiro
> Cantei numa procissão
> Cantei em ponto de terreiro
> Agora eu quero cantar na televisão

Dizer isso explicitamente era o de menos. Boa parte de suas composições já trazia os ingredientes básicos dos hits, seja nas felizes uniões de melodia e letra, seja nos refrões muitas vezes irresistíveis. O tratamento musical das faixas, ainda que prejudicado por precariedade técnica de registro, estava além do que havia de mais progressivo no pop-rock da época, o que deveria ter mobilizado uma porção expressiva da juventude seduzida pelas bandas anglo-americanas. Itamar ainda conseguiu se tornar um dos raros exemplos de artista que se imbuiu de alguns procedimentos vanguardistas da música erudita sem nunca perder a dicção pop enraizada desde a infância. E, para completar, sua performance no palco revelava um amplo domínio do tempo-espaço do show e ampliava, a cada breque instrumental, a cumplicidade com a fiel plateia. Só essas credenciais já poderiam ter-lhe aberto as portas do mercado de consumo, mesmo que sua produção jamais ultrapassasse um nível mediano de vendas.

Mas o compositor também não queria cantar na televisão. A pluralidade dos acontecimentos sonoros envolvida nas canções exigia dos espectadores uma constante interpretação de entrelinhas, além da disposição especial para depreender o sentido e o endereço das simultaneidades. Aquilo que a princípio parecia dispersivo, logo se revelava pleno de significados convergentes, mais acessíveis aos que firmavam com o músico uma espécie de comunhão ideológica. Os breques e as frases instrumentais dialógicas sugeriam e, ao mesmo tempo, abortavam as respostas corporais da juventude dançante. Era um rock até certo ponto...jamais completamente. A melodia da voz principal nunca se definia como curva estável, pois a entoação, o modo de dizer, se sobrepunha invariavelmente à forma musical. Da mesma maneira, alterava-se o número de sílabas dos versos e deslocavam-se seus acentos ao sabor dos conteúdos que precisavam ser ditos. Enfim, pouca coisa em Itamar mostrava-se regular a ponto de justificar seus anseios de popularidade.

Sampa Midnight articulou essa contradição básica presente em toda a sua carreira. Canções como "Prezadíssimos ouvintes", "Tete tentei", "Isso não vai ficar assim" ou "Chavão abre porta grande" concentravam os elementos de sua dicção pop, com falas que se tornavam refrões cativantes. "Movido a água", de Itamar e

Galvão, chega a flertar com a velha jovem guarda e seus temas ingênuos, o que provocava um tom sarcástico no contexto do disco. Mas prevaleciam as canções que obstinadamente diziam coisas, coisas da vida real e da vida mental, lúcida ou alucinada, coisas que faziam sentido tanto na linearidade — da voz principal, como da polifonia gerada pelos ecos e pelas superposições de outros planos vocais. Pode-se dizer que essas coisas eram alinhavadas pelas frases instrumentais da banda que, por sua vez, demonstrava ter ensaiado exaustivamente...um improviso. E estava nisso um dos maiores desafios musicais enfrentados por Itamar e seus acompanhantes: fixar o que é instável por natureza. A fala solta dispensa as leis da métrica que ordenam as estrofes e que encaixam a linha melódica nos compassos. Composições como "Ideia fixa", "Desapareça, Eunice", "Totalmente à revelia" ou "Cadê Inês" exibiam essa virtude de domesticar o caos sonoro e linguístico nos limites da obra. E o personagem-réu, tão cultivado nos discos anteriores, ainda sobrevivia aqui na vítima noturna de visitas extraterrestres: "Sampa midnight" e "E o Quico."

INTERCONTINENTAL QUEM DIRIA! ERA SÓ O QUE FALTAVA!!!

O Itamar do final dos anos 1980 estava bem menos preocupado em preservar a imagem do réu-transgressor dos primeiros discos. Seu personagem de base já estava suficientemente impregnado nas instabilidades entoativas do canto, nos atrasos e antecipações das vozes de fundo, nos ecos e nas defasagens do acento rítmico e já fazia parte também dos fiéis *ostinatos* quebradiços de baixo e guitarra que apoiavam as linhas melódicas principais. A esta altura, algo lhe dizia para ser mais sutil na projeção do *eu* nas canções. Fixar essas indefinições — que soavam como produções espontâneas — nos limites de cada obra já era em si uma tarefa hercúlea que demandava recursos musicais totalmente inusitados. Mas o desafio era ainda maior. O resultado deveria soar como uma canção de rádio qualquer, até porque um dos principais objetivos de seus lançamentos sempre foi a penetração na mídia. O disco *Intercontinental! Quem diria! Era só o que faltava!!!*, de 1988, nasceu em parte com esse difícil propósito de estabilizar as curvas inconstantes do canto-falado numa forma sonora viável do ponto de vista comercial.

"Sutil", a faixa inicial, simulava a contenção do costumeiro ímpeto amoroso e musical do autor como se fosse essa a tática ideal para se tornar mais penetrante. Os sussurros do intérprete explicitavam esse propósito, mas a chave da sutileza estava na acomodação de versos que desenvolviam os temas mais improváveis no interior de um encaminhamento melódico regular, típico de um refrão.

> Em outras palavras, a famosa sequência
> Ser feliz é bem possível
> a lua cheia me reduz a pedacinhos
> eu viro prata, viro loba
> eu viro viro vampira viro menina

Reconhecida como o refrão declarado da música, oferecia a *grade* melódica para todas as demais estrofes: *É muita luz pra pouco túnel..., Algo me diz pra ser sutil..., Pode parecer incrível....* Basta cantarolarmos os trechos que sucedem cada um desses versos para sentirmos a regularidade descendente da melodia. Mas a arte de acomodação não parava aí. Até mesmo a primeira estrofe da canção — com seu valor entoativo totalmente distinto do refrão, a começar dos acentos rítmicos e do número de sílabas previstos em cada verso — adotava as alturas e a própria trajetória melódica do estribilho e das outras sequências:

> Sendo fim também és
> tu és meio e começo
> sim e não, norte e sul
> direito avesso

Isso significa que dentro de uma forma musical muito bem estabilizada, o compositor deixava o canto ao sabor da força entoativa, aquela que diz o que deve ser dito sem se ater às restrições métricas. Era um modo de ao mesmo tempo respeitar e desrespeitar as regras sonoras que ele próprio acabara de inventar. O esforço despendido para regularizar o canto numa progressão descendente, que obedecia até certo ponto às mesmas faixas de altura, se contrapunha à indisciplina rítmica de encaixe da letra na melodia. Essa tensão básica entre forma musical e força entoativa foi muito bem captada e realizada por Ná Ozzetti em interpretação que, nos anos seguintes, conquistou as programações das rádios.

O estilo Itamar de compor supunha ainda uma concepção harmônica muito simples, adequada às frases recorrentes da banda e aos breques infalíveis que constituíam a marca de arranjo do autor. Ao final dos anos 1980, depois do lançamento do *Intercontinental*, ficava claro que, pouco a pouco, as idiossincrasias do eu-Beleléu cediam espaço à autossuficiência das canções. A inspiração passava definitivamente da vida desse personagem materializado no nego-dito para um modo entoativo de dizer palavras e frases que, quase sempre, caracterizavam situações inusitadas. Foi quando o compositor começou a se encantar com os sons das palavras e a imediata metamorfose de sentido que ocasionavam no interior da canção. Isso lhe proporcionou uma verdadeira saída para objetivar o seu vasto universo subjetivo.

"Adeus pantanal", canção que Itamar interpretou com Alzira e Tetê Espíndola, era a apoteose desse deslumbramento com a sonoridade das palavras, pela qual o artista tornava presente as vozes dos mesmos animais que aos poucos se ausentavam da fauna de Mato Grosso. Seu fascínio pelo nome das cidades (Nova Jerusalém, Caruaru, Caraguatatuba, Botucatu, Los Angeles, Budapeste) também fazia parte desse empenho de materialização sonora de seu mundo interior. O *eu* se convertia em *ele*, o assunto. Mesmo quando o personagem reproduzia cenas típicas do velho e bom Beleléu, sua identidade agora era tratada em terceira pessoa — é o caso de Zé Pelintra, Itamar e Waly Salomão. Talvez o vestígio mais notório do antigo réu se preservasse na bela "Mal menor" (*Você vai notar / Olhando ao redor / Que sou dos males o menor*). Mas, de modo geral, as faixas desse disco já podiam ser ouvidas como iscas de intérpretes. Ninguém mais precisava ser o *nego dito* para poder cantá-las.

BICHO DE SETE CABEÇAS

Estava esboçada a planta para a sua produção dos anos 1990. O jorro criativo que daria origem à trilogia *Bicho de sete cabeças* tinha como raiz a eficácia de "Sutil" e a objetivação conquistada em *Intercontinental*. Gravados com as oito meninas da banda Orquídeas do Brasil, esses três volumes de 1994 reuniam um repertório impecável pela qualidade das composições, pelo arranjo e pela solução artística de suas faixas. Cada disco trazia um convidado especial cujo timbre de voz já denunciava a trincheira em que Itamar se situava: Rita Lee, Tom Zé e Jards Macalé.

Com Rita Lee, no primeiro volume, o compositor desferia o rap "Venha até São Paulo" que se ancorava nas regiões paulistanas de nomes atraentes (Socorro, Liberdade, Bom Retiro etc.), nas incontáveis homenagens a santos (São Judas, São Caetano, Santo André, São Bernardo etc.) e santas (Santa Efigênia, Santana, Santa Cecília etc.) e, sobretudo, nas ressonâncias dos sons sibilantes, em *s*, ou chiantes, em *ch*, que espalhavam o refrão *Venha até São Paulo ver o que é bom pra tosse* por toda a canção, através de palavras como *rush, Arouche, telex, prece, esquece, sudeste* etc.

Já com Tom Zé, no segundo, Itamar aproveitava o mesmo clima musical de "Venha até São Paulo", em cujo acompanhamento destacava-se o trabalho de flauta da orquídea Simone Julian, e mergulhava numa espécie de embolada ("Tanta água") que refletia a perplexidade dos intérpretes diante de uma São Paulo sob as águas. Permaneciam os fonemas sibilantes estendendo a exclamação *Meu Deus do céu!* por todo o discurso. Ambas as canções são entoadas como fala coloquial do início ao fim sobre uma base de acompanhamento que apenas segurava a levada para que as vozes dissessem tudo que tinham a dizer sem perder o ritmo.

No terceiro volume, Macalé foi convidado a se exprimir — cantar — em nome de um novo eu-réu, o predestinado Desventura da Cruz, para o qual o *nego dito* transferiu a função que ele próprio costumava encarnar nos primeiros discos. Introduzida e concluída pelo discurso de uma advogada, a canção "Estrupício" era um exemplo flagrante do progressivo descolamento entre autor e personagem realizado por Itamar durante sua carreira: com a concepção desse novo réu, o compositor conseguia se distanciar um pouco da própria criatura, tanto mais que esta última ainda delegava sua voz a um terceiro nome — Jards Macalé em pessoa — que, por fim, expunha seus argumentos. De acordo com a petição da advogada, Macalé teria se oferecido espontaneamente para *expor de forma clara e inequívoca* o desabafo do réu através da linguagem mais adequada à expressão dos sentimentos íntimos: a canção. Embora as estrofes descrevessem com riqueza de detalhes a triste rotina conjugal do sr. Desventura, os versos e as palavras mal podiam ser compreendidos em razão da pronúncia intencionalmente estilizada do compositor de "Movimento dos barcos". Para *esclarecer* os fatos, o intérprete omitia sílabas, entrecortava os versos e apenas sugeria uma ou outra palavra representativa da cena descrita. O desaparecimento dos aspectos intelectivos do texto dava espaço à emoção pura que se podia ouvir na oscilação entre a entoação da fala e a melodia musical.

Com o estilo pessoal de composição totalmente amadurecido, Itamar exibia nesses três volumes a condição de poder transformar qualquer estímulo em canção. Os poucos acordes, os *ostinatos* do contrabaixo ou do teclado e mesmo as diretrizes melódicas determinando faixas de tessitura para o canto, à maneira de "Sutil", tudo isso funcionava apenas como um *gabarito* inicial. Esses recursos sugeriam modos de dizer, ou seja, entoações que provavelmente já traziam frases prontas como, por exemplo, *Eu sou sujeito a chuvas e trovoadas* (*Sujeito a chuvas e trovoadas*, vol. 1). Definida uma frase como essa, a ressonância de alguns de seus termos (*sujeito* e *trovoadas*, por exemplo) gerava o enunciado seguinte, *Sendo assim desse jeito nunca terei namorada*, sem que o autor tivesse a menor ideia do que viria a seguir. Basta acompanharmos um pouco além o desenvolvimento da letra para verificarmos que a sonoridade dos fonemas passa a conduzir a composição dos novos versos, bem mais que a organização semântica do tema tratado:

> Se isso posso ócio já não posso
> Isso é osso isso é só isso
> Ninguém é fácil nem é manso bicho
> Meu negócio é mulher pra qualquer negócio

Mesmo que no final o conteúdo se apresentasse estruturado, a trajetória de criação desse tipo de canção tinha como ponto de partida o significante, ou seja, a sonoridade das palavras. Era o caso também de "Ciúme do perfume" ou mesmo de "Tristes trópicos", com Ricardo Guará, ambas do segundo volume.

Mas, às vezes, aquilo que chamei de *gabarito* servia para desenvolver temas preestabelecidos que exigiam grande perícia de integração entre melodia e letra. Para prestar homenagem a Luiz Melodia, na composição "Quem é cover de quem", é o Itamar-letrista que se destaca em construções como:

> Dizem formarmos de fato um belo par de malditos
> Te chamam de negro gato me tratam de nego dito
> E já que talento é inato isto já estava escrito
> Num mundo cheio de chatos nós somos são Benedito

É o caso também do primeiro volume de *Orquídeas*, canção que se reportava às integrantes da banda e que, portanto, dependia de soluções altamente engenhosas para acomodar todos os nomes próprios e ainda manter a vivacidade da levada musical e de versos como:

> Nós somos orquídeas cigarras formigas amigas
> Pra lá de colegas

Na mesma linha, as faixas "Quem descobriu descobriu (vol. I)", "Penso logo sinto (vol. II)" e "Onda sertaneja (vol. III)" previam o desenvolvimento da temática descrita no título e a exploração exaustiva do tema na tangente dos jogos de palavras. Agora, o enunciador comparecia muito mais com a inteligência das manobras linguísticas do que com as cenas de atitude do começo da carreira. Na letra sobre a onda sertaneja, por exemplo, tanto se alinhava sarcasticamente com Cascatinha, Teixeirinha, Inezita, como concebia novas duplas, lançando mão do mais alto lirismo: *Ser canário e passarinho Liu e Léu lua e luar*.

O ponto culminante de *Bicho de sete cabeças* foi a canção "Milágrimas", composta em parceria com Alice Ruiz, uma de suas colaboradoras mais assíduas durante a carreira. Poucas vezes os criadores de nosso universo cancional, de resto tão refinado, chegaram a obras-primas desse calibre sem que a maioria esmagadora da população tomasse conhecimento de sua existência. Quando "Milágrimas" chegar de fato aos ouvidos do povo — o que deve acontecer brevemente — sentiremos a urgência de uma releitura histórica da canção brasileira, nem que seja apenas para realizarmos uma escala nessa composição. Ela expõe a grandeza e a complexidade dos sentimentos gerados pelo simples roçar da melodia na letra. Itamar converteu o achado de Alice Ruiz (*A cada milágrimas sai um milagre*) num refrão de três notas acentuadas, o que, aliás, não se distinguia muito do restante da composição, altamente econômica do ponto de vista melódico. Os acordes, como sempre, eram somente balizas consonantes para a pequena evolução gradativa do canto que, no final das contas, expunha em tom didático, irônico e poético as instruções para aplacar a dor típica da desilusão afetiva. O mistério estava no fato de que os poucos acordes, as poucas notas e, por extensão, as poucas lágrimas multiplicavam-se milagrosamente, dando origem a numerosos matizes de sentimento, talvez todos que definem a alma feminina machucada. Tudo isso sem usar dissonâncias.

Sublinho esse aspecto porque normalmente consideramos

que melodias muito simples devam receber tratamento harmônico refinado para compensar a pouca exploração do campo de tessitura. Afinal, foi essa a solução lançada pela bossa nova de Tom Jobim, Carlos Lyra, João Donato etc. e que sempre esteve presente também na obra de Edu Lobo, Chico Buarque, entre outros. Por meio de dissonâncias os autores sugerem direções melódicas que não são, e nem precisam ser, de fato realizadas pela voz.

Na dicção de Itamar, a presença de acordes alterados é um fator irrelevante para o sentido da canção. Sua harmonia eufônica e despretensiosa serve apenas para sustentar o canto e lhe garantir a levada rítmica, chegando a neutralizar um dos recursos musicais mais valorizados no âmbito erudito e mesmo nas principais escolas do jazz: a modulação. Em outras palavras, o código secreto de composição do autor de "Sutil" se aloja nas esferas do canto, do tratamento polifônico das vozes e das diversas linhas instrumentais, e só pode ser decifrado como forma singular de dizer a letra. Os valores cancionais sempre se sobrepõem aos valores musicais. E se reconhecemos aí uma sonoridade incomum, sua fonte está muito mais ligada ao pop-rock internacional ao *iê-iê-iê* romântico de Roberto Carlos, ao universo mítico de Jorge Ben Jor e de Luiz Melodia do que propriamente ao legado de João Gilberto. Isso demonstra que nem todo gesto de originalidade e requinte musical no Brasil procede da bossa nova. Há uma outra história para ser contada.

PRETOBRÁS

Nesse disco de 1998 Itamar fez a triagem de seu estilo. O formato voz/ violão assumiu de vez o centro de sua personalíssima concepção sonora. Claro que não se tratava do violão harmônico da MPB nem do violão percussivo que dependeria da destreza de um Gilberto Gil ou um João Bosco; nem mesmo se tratava do toque de palheta à maneira de Jorge Ben Jor ou de setores do rock nacional. Itamar só poderia realizar um violão-de-breque, o mesmo que sempre alimentou sua atividade de composição e suas propostas de arranjo instrumental.

O sujeito contraventor de outras tempos encarnou-se definitivamente no significante da canção e como já vinha acontecendo desde *Intercontinental*, os conflitos subjetivos se transformaram em contrastes entoativos de enunciação, em fricção entre palavras, idiomas, nomes próprios, mas todos os choques de conteúdo apaziguados por rimas, ressonâncias e sobretudo refrões, básicos ou itinerantes.

Não cessaram, porém, os pronunciamentos em forma de manifesto criticando a cultura de sua época ("Cultura lira paulistana") ou ironizando o padrão de eficácia preconizado pelo capitalismo de última geração ("Reengenharia"). Nesses casos, a fala solta do artista estava mais para as declarações de desabafo já experimentadas em "Haiti", de Gilberto Gil e Caetano Veloso, do que para o rap que reinava na periferia de São Paulo no final do século. Itamar deixava irromper seu ímpeto de dizer — dizer em prosa — aquilo que não cabia em versos, embora escapulissem formas poéticas que iam impregnando nossos ouvidos: *Porcaria na cultura tanto bate até que fura*. A melodia mantinha sua pureza prosódica, o chamado canto-falado que jamais perde o vínculo com o enunciador e com o momento da enunciação.

O compositor também não abandonava as vinhetas ("Apaixonite aguda", "Queiram ou não queiram"), algumas rendendo homenagens a Hermeto Pascoal ("Extraordinário"), a Elke Maravilha e a Arrigo Barnabé ("Amigo arrigo"). Mas as homenagens atingiam a plenitude quando se manifestavam em canções completas nas quais se destacava o engenho na construção da letra e na concepção do arranjo. Um dos exemplos é "Vou de Vai-Vai", com sua dicção pop de Martinho da Vila e seu refrão dizendo: *Ai ai ai oi oi oi com a Vai-Vai vai não vai vai ver já foi*. Outro exemplo é a interpretação inusitada do samba "Vá cuidar de sua vida", de Geraldo Filme. Ambos contam com o som de seu violão-de-breque e com uma requintada participação do trombone de Bocato.

Mas o enorme poder de persuasão de Itamar instalou-se definitivamente no âmago de suas principais composições, sobretudo aquelas que viraram objeto de desejo de outros intérpretes. Não é difícil compreender o fenômeno. Basta pensarmos nas canções de impacto do ciclo Nego Dito e seu vínculo irrompível com a figura do autor. Elas só se completavam na voz e por extensão, no corpo presente de Itamar Assumpção. Os cantores e cantoras que apreciavam aquelas canções ou mesmo participavam de seus arranjos não se atreviam a executá-las em circunstâncias alheias ao *projeto Beleléu*. Agora, no novo ciclo que vai de 1988 a 1998, a personalidade forte e paradoxal do compositor foi-se acomodando no interior de cada canção, na forma de recursos técnicos inconfundíveis, de maneira que não havia mais razão para o insulamento de seu atraente repertório. Grandes intérpretes passaram então a cantar *Itamar*, transferindo sua obra para outros contextos musicais.

Em *Pretobrás*, as canções que melhor representaram essa fase de extroversão do autor foram "Dor elegante", com Paulo Leminski, "Por que que eu não pensei nisso antes" e "Vida de artista".

No primeiro caso, os belos versos do poeta paranaense ganharam expressão melódica surpreendente em decorrência do valor prosódico, o modo de dizer de cada frase. A confirmação da elegância da dor já vinha estampada nos finais descendentes das entoações que cobriam quase todos os versos. Ao mesmo tempo, a evolução melódica no interior de cada estrofe ia ganhando altura de modo progressivo para que o descenso sobre o último verso partisse do topo da tessitura e se destacasse como uma afirmação mais contundente que as anteriores. É desse modo que Itamar preparava o realce de desfechos como: *Sofrer vai ser a minha última obra*. A voz de Zélia Duncan, às vezes cantada, às vezes entoada, não deixava escapar nenhuma dessas nuances.

A segunda canção citada, que mais tarde seria regravada em álbum da mesma Zélia, apresentava as intenções sedutoras do intérprete, sem limites no plano do conteúdo, mas com regras muito bem definidas no plano da sonoridade. Ou seja, as formas de sedução iam desde práticas circenses como *Gingando num bambolê me equilibrando em barbante* ou *domesticando elefantes* até atividades pacatas como *fazer crochê* ou *cuidando bem de bebês*, passando por testes de HIV, consultas a cartomantes, limpeza do rio Tietê, voo rasante etc. Todas essas imagens, porém, restringiam-se às rimas em *-ê* (*você, bambolê,* TV, *apê, dublê* etc.) ou em *-ante* (*provocante, diante, reinante, importante, refrigerante* etc.) e, acima de tudo, ao refrão itinerante baseado na inflexão entoativa de alguém que diz em linguagem corriqueira: por que que eu não pensei nisso antes? Esse mote serviu até mesmo como expansão do título do LP, *Pretobrás — Por que que eu não pensei nisso antes*, evidenciando sua relação anagramática com nossa principal empresa petroleira, patrocinadora de iniciativas culturais.

Mas foi com "Vida de artista" que Itamar assinalou em tom discreto, apenas com voz e violão, o desenlace de seu processo de transmutação. Trata-se de um fenômeno que já vinha se configurando ao longo da última década do século, mas que, em *Pretobrás*, atingiu a naturalidade de uma metamorfose concluída. Aquele *personagem-réu, herói-bandido*, que sempre estivera por trás das próprias obras, garantindo-lhes motivação extra, instalou-se definitivamente no interior das canções e passou a adquirir as mais distintas fisionomias — no caso de "Vida de artista", o autor assume vinte e quatro papéis sociais —, todas elas compatíveis com o canto de qualquer intérprete interessado. O Itamar-Beleléu era o cantor quase exclusivo de suas composições. O Itamar-Pretobrás se diluía em *passageiro, motorista, costureiro, datiloscopista, macumbeiro, adventista, mensageiro, paraquedista* e outras numerosas identidades que podiam ser assumidas com facilidade e entusiasmo por outros cantores. A marca do *nego dito* continuava presente, agora não tanto pelo inconfundível timbre de voz, mas pelo engenho de construção da letra e de adequação melódica, de tal maneira que por mais que os novos intérpretes modificassem os arranjos, era inevitável o comentário: *Esta canção só pode ser do Itamar*. Acho que ouviremos isso para sempre.

O momento de criação na canção popular[1]

A comparação de linguagens estéticas e de seus respectivos efeitos de sentido reatualiza o debate sobre a necessidade de critérios descritivos adequados ao objeto de pesquisa. Já foi tema de muitas considerações o fato de não podermos extrair da área musical ou da área literária um modelo de análise apropriado às particularidades da canção popular. A junção de melodia e letra pede critérios que deem conta, não tanto dos subprodutos resultantes, como a música, a poesia etc., mas da compatibilidade entre os dois componentes aferida a partir de um quadro teórico comum.

Deixando de lado por ora o núcleo desta questão — já que vimos tratando disso ao longo de toda a nossa produção teórica —, propomos, aqui, uma breve reflexão sobre a prática de composição popular e os processos que são desencadeados no momento da criação. Embora não possamos contar com nada definitivo nesse campo, a forma de surgimento de uma obra suscita alguns níveis de pertinência que podem ser considerados com proveito sobretudo quando estão em jogo as diferenças entre as linguagens.

Nesse sentido, é interessante pensar que as letras mais festejadas da canção brasileira brotaram de suas respectivas melodias e não de um assunto geral previamente escolhido ou de uma vivência pessoal do compositor. O conteúdo vai surgindo dos

---

[1] O texto é um dos ensaios que compõem o livro *Todos entoam: ensaios, conversas e canções*. Além disso, está presente nos anais do IV Congresso Associação Brasileira de Literatura Comparada (ABRALIC), o *Literatura e Diferença*, que aconteceu em agosto de 1994, em São Paulo.

acentos e das divisões melódicas em forma de palavras isoladas, frases desconexas, rimas puras, tudo isso conduzido por uma ordenação sonora, geralmente apoiada em acordes instrumentais.

Evidente que, em algum momento, o compositor terá que concluir sua letra, atribuindo-lhe um mínimo de coerência discursiva, mesmo que num plano totalmente metafórico. Nessa etapa, certamente contará com a colaboração de sua experiência de vida e de seus sentimentos internos para organizar o sentido global do texto. Quase sempre, porém, esta é a última etapa de composição. Tudo começa com um modo melódico de dizer e, só no final, o autor define aquilo que de fato será dito.

A experiência mais valiosa para desencadear uma composição é, sem dúvida, a própria experiência com o material sonoro. Tudo aquilo que o cancionista já tocou, já cantou, já ensaiou, isoladamente ou em conjunto, constitui matéria-prima fecunda para motivar as fases iniciais da criação. O artista sente que alguma coisa começa a se configurar quando encontra um segmento melódico com potencialidade para gerar outros motivos de mesma natureza, dentro de uma base harmônica e rítmica assegurada pelo instrumento.

Ao contrário, um artista de posse de um assunto geral para desenvolver em forma de canção encontra-se muitas vezes na estaca zero da composição. Caso tenha uma letra pronta, poeticamente definida, seu ponto de partida é um pouco melhor, mas ainda nem se compara com o do compositor que já descobriu um sentido melódico. Até porque uma letra pronta mais restringe que sugere contornos musicais, exigindo do autor um verdadeiro malabarismo para encontrar um percurso melódico atraente e, ao mesmo tempo, afeito à métrica e à acentuação prefixadas pelos versos.

As letras que mais admiramos foram geradas a partir de fragmentos incompreensíveis, nascidos de contornos musicais e de sons linguísticos sem qualquer vínculo direto com o sentido final do texto ou com o próprio título da canção. É o som que, em geral, produz o sentido e não o contrário.

Os primeiros cancionistas do século passado já haviam batizado essa fase inicial de gestação da letra com o nome de *monstro*, ou seja, a fase do texto desconexo em que as palavras articulam a melodia apenas de um ponto de vista fonético e, no melhor dos casos, sugerem zonas de conteúdo que serão elaboradas posteriormente. Noel Rosa, por exemplo, ia à casa de Vadico, seu principal parceiro, que lhe apresentava, ao piano, uma nova melodia. Não tendo como registrá-la, ainda não havia o gravador portátil e os cancionistas, em geral, não sabem escrever em partitura, o poeta de Vila Isabel produzia imediatamente um *monstro*, um texto instantâneo cujo principal objetivo era assinalar os recortes silábicos e os pontos de acento que deveriam orientar a criação do texto definitivo. Noel mapeava linguisticamente a melodia e, nesse gesto, deixava algumas sementes que por vezes germinavam durante a confecção final da letra. Não tendo qualquer compromisso com um tema predeterminado, os elementos linguísticos oferecem uma flexibilidade quase ilimitada para o entrosamento com a melodia.

Chico Buarque, autor tradicionalmente valorizado pelo tratamento especial que dispensa às letras, é o primeiro a reconhecer que seu processo natural de composição jamais parte do conteúdo:

A palavra não aparece antes da música e sim depois, mesmo quando eu faço uma música sozinho. Nunca escrevi uma letra de música antes da música existir. [...] Muitas vezes a palavra aparece antes do sentido da letra. As vezes uma letra bonita começa por uma palavra, uma palavra que é puxada pela melodia. É muito comum os parceiros cantarolarem a música, e quase que existe uma onomatopeia no que eles cantam. Cada som muda uma palavra. Essa palavra é a chave para o verso, que pode ser a chave para a letra toda.[2]

Há algum tempo, início dos anos 1990, a rádio Eldorado AM apresentou um programa especial com Chico Buarque, dirigido por Geraldo Leite, no qual o escritor Humberto Werneck reve-

2. Entrevista concedida a Qualis, ano 3, ed. 12, 1993, p. 14.

lou a existência de uma fita contendo a gravação das primeiras ideias — ideias sonoras, evidentemente — que deram origem ao samba-enredo "Vai passar." Chico está ensaiando uma outra canção criada em parceria com Edu Lobo para a peça teatral *Dr. Getúlio*, de Dias Gomes e Ferreira Gullar. Ensaia à capela e, depois, acompanhado do violão. Numa das finalizações do refrão, insistentemente repetido, o compositor introduz um acorde de passagem e desmembra dali um segmento melódico que nada tem a ver com a música ensaiada. Cantarola o trechinho e se detém como quem avalia algo que escapou do controle.

Em seguida, o programa apresenta outro momento da fita, quando Chico já praticamente definiu a melodia do refrão e começa assim a esboçar alguma coisa da letra. Os primeiros sinais daquilo que conhecemos hoje como *O estandarte do sanatório geral vai passar* aparece então numa versão surpreendente que diz: *O cordão da lira da Vila Carrão vai passar*. E, no entanto, esse monstro, ainda por ser recriado, já contém, não apenas a expressão *vai passar* que encabeçará o tema geral da canção, mas também a imagem do desfile que depois será reelaborada com novas palavras. Fala-se também nos *grandes artistas do passado* que, depois, serão reduzidos a *nossos ancestrais*. A modulação para *Num tempo*...começa a se configurar, mas antes de chegar a *página infeliz da nossa história*, o compositor arrisca provisoriamente algo como *em que o nordeste*...(e articula qualquer coisa incompreensível).

Ora, "Vai passar" é um samba cuja criação da letra parece estar solidamente enraizada numa experiência de vida pessoal e social — o movimento pelas eleições diretas. Isso é verdade apenas na fase de acabamento da obra. Sua gênese artística é eminentemente melódica e o surgimento do sentido que hoje conhecemos vem de palavras esparsas que não eram mais que expressões em busca de um conteúdo.

Isso tudo não aumenta nem diminui o feito do letrista que, numa determinada fase da criação, teve que concluir seu trabalho, dando-lhe a forma final que conhecemos. Apenas nos faz refletir sobre as orientações opostas que conduzem, de um lado, as atividades práticas e, de outro, as atividades artísticas: nos processos de comunicação do dia a dia, utilizamos a sonoridade da voz para expressar nossos conteúdos internos; o compositor usa esses mesmos conteúdos para expressar suas experiências sonoras.

Vocação e perplexidade dos cancionistas[1]

A categoria dos cancionistas surge, ainda hoje, completamente indefinida e imprevisível enquanto profissão, mas já com características bem particulares pelo menos no que se refere à vocação, aos dotes e às preferências de seus aspirantes.

Os cancionistas são, em geral, pessoas sintonizadas com a modernidade, sensíveis às questões humanas, às relações interpessoais e com grande pendor para mesclar fatos de diferentes universos de experiência num único discurso: a canção. Essa propensão à mesclagem pode ser observada também em nível técnico. Os cancionistas compõem bem, tocam bem, cantam bem, mas não se consideram músicos nem poetas nem exímios instrumentistas ou vocalistas. Misturam um pouco de tudo. Entediam-se com o aprimoramento técnico e com as especializações e frequentemente, se frustram nas escolas de música. Preferem batalhar sozinhos, ou em grupo, esperando oportunidades ou *tentando criá-las a todo custo.* Têm em mente cancionistas de sucesso como Chico Buarque, Gilberto Gil, Bob Dylan, Rita Lee etc., e não os músicos, também de sucesso, que as escolas tentam instituir como modelos: Beethoven, Schoenberg, Bartok, Webern, Villa-Lobos etc.

Cancionistas são todos aqueles que exercem a arte de bem cuidar de uma canção desde sua feitura — e então chamamos este cancionista de compositor — até sua veiculação em show ou em disco. Passamos assim pelo arranjador, pelo intérprete e,

1. Publicado pela primeira vez no jornal *Folha de S. Paulo*, em 20 de fevereiro de 1983, "Vocação e perplexidade dos cancionistas" faz parte de *Todos entoam: ensaios, conversas e canções.*

no limite, até pelo *mixer* e pelo produtor, quando se mostram envolvidos com o trabalho de salvaguardar os conteúdos que só a canção pode transmitir ao ouvinte.

A categoria dos cancionistas é evidentemente muito vasta, reunindo pessoas das mais díspares proveniências e de todos os graus de formação intelectual. Por questão de limite desta matéria, faço referência especial aos estudantes de curso regular que, em fase pré-universitária, vivem um dilema com relação à profissão a ser escolhida. Em geral, esses jovens cancionistas sentem atração por inúmeras áreas do conhecimento. Gostam de arquitetura, de filosofia, de física...e até de música, mas não querem, em absoluto, se aprofundar demais. Querem saber das coisas, mas, em termos de atividade, preferem canalizar tudo para a produção de canções — em tese, claro; não estamos considerando as nuanças individuais. Aqui se realizam parcialmente, pois fazem o que gostam mas não esperam nada do que fazem, pelo menos enquanto perspectiva profissional. São dotados de brio e altivez no sentido de não submeterem suas produções ao julgamento do pessoal de gravadora ou dos programadores de rádio, quase sempre despreparados e desatentos, salvo honrosas exceções, às produções fora da escala padronizada.

UMA SITUAÇÃO AMBÍGUA

E a grande ironia de toda essa situação vivida pelo cancionista é que ele próprio, apesar de intuir suas metas e sentir seus desejos, não tem elementos para se definir como tal. O cancionista não sabe que é cancionista. Se se trata de um nome de sucesso, ele não precisa se definir pois o sucesso é um aval que dispensa apresentação. Mas se o cancionista é ainda iniciante, não sabendo exatamente como desenvolver sua aptidão, fica à mercê das mais absurdas orientações. As mais comuns são aquelas que o conduzem às faculdades de música — e não há nada de mal nessas faculdades de música, a não ser o fato de nada dizerem a respeito da canção de consumo —, e aos conservatórios, onde vão se alfabetizar musicalmente, aprendendo harmonia, contraponto e a escrita em partitura, sem levar em conta, primeiro, que suas canções são compostas com melodias da própria fala, depois, que suas harmonizações são elaboradas de ouvido e suas canções, depois de prontas, são registradas em suporte sonoros como fitas, discos etc. e não em partituras, sem contar o fato de que jamais conseguirão escrever as próprias composições pois são, geralmente, imprecisas e refratárias a um padrão único de execução. Há ainda as orientações que os levam às oficinas de música popular, onde a formação é eminentemente instrumental e ligada à concepção de jazz: improviso e virtuosidade.

Tudo, evidentemente, enriquece o estudante em termos de aquisição cultural e de maiores recursos técnicos, além de propiciar um bom convívio com a linguagem musical. Mas, infelizmente, nada disso contribui diretamente para sua formação de cancionista. Não é à toa que examinando a formação universitária dos cancionistas de sucesso, quando eles a têm, encontraremos de tudo, de filosofia a administração de empresas, e teremos dificuldade: localizar aqueles que, além de outros cursos, fizeram também música.

Ora, uma prática não definida, nem aos próprios praticantes, está longe de ser reconhecida institucionalmente. Durante muito tempo teremos cancionistas aspirantes angustiados com a própria vocação.

Se ultrapassam essa fase inicial de indefinição e hesitação profissional sabemos que não há o que lastimar. Um cancionista bem-sucedido no Brasil goza de muito prestígio e reconhecimento público. Mas sabemos também isso é reservado a pouquíssimos e que de maneira alguma podemos argumentar com esses dados de exceção para avaliar a condição de um cancionista iniciante.

CONFIGURANDO A PRÁTICA DO CANCIONISTA

No momento, creio ser importante ao menos sensibilizar os setores educacionais para um tipo de talento que não se enquadra nos percursos carreiras profissionais oferecidos pelas escolas e que, no entanto, corresponde a uma das atividades de maior penetração em quase todos os meios de sociedade. Creio ainda que uma definição mais precisa de canção pode trazer aos próprios cancionistas e a todos os interessados maiores condições de reflexão sobre o problema.

A título de exemplo, sugiro aqui alguns procedimentos que ajudam a pensar a canção no que ela tem de singular e, por extensão, ajudam também a configurar melhor a prática do cancionista. Se lanço mão de um certo tom teórico é porque considero necessário, nesta fase, trazer subsídios para um possível enquadramento institucional da carreira de cancionista.

Um cancionista só se satisfaz quando consegue tirar o melhor partido possível, em qualquer de seus estágios, da relação entre letra e melodia, relação esta que confere à canção sua identidade. No estágio de composição, por exemplo, já tenho verificado inúmeros sinais indicando o esforço espontâneo dos cancionistas no sentido de criar compatibilidades entre as inflexões melódicas e as funções narrativas geradas pela letra.

Apenas como ilustração, trago aqui alguns dados: os estudos que hoje em dia recaem sobre a narratividade têm demonstrado, entre outras coisas, que a ação de um sujeito de narrativa, núcleo de qualquer relato linguístico, pressupõe a aquisição de algumas modalidades que tornam esse sujeito habilitado ou competente para levar a cabo sua ação. Tais modalidades podem ser sintetizadas pelos verbos *poder*, *saber* e *querer* (às vezes, opera-se também com o *dever*); o sujeito portador dessas modalidades está apto a *fazer* (modalidade de ação e transformação) algo ou, simplesmente, realizar sua ação. Por exemplo, quando observamos a letra de uma canção como Queixa, de Caetano Veloso, notamos que o sujeito em primeira pessoa (*eu*), apesar de sofrer uma série de imposições do outro sujeito em segunda pessoa (você), acaba por reunir as modalidades suficientes para desfechar a ação proposta: queixar-se. Se a própria existência desta canção significa que o sujeito realizou sua queixa (ou seu *fazer*), supõe-se que ele *quis*, *pôde* e *soube* realizá-la, caso contrário teria fracassado e nem ouviríamos essa faixa no disco. Pois bem, correndo o risco de simplificar demais as coisas, podemos dizer que um exemplo da compatibilidade entre as duas faces desta canção está na transferência dessas modalidades, depreendidas da letra, para a melodia, na forma de insistentes descendências designando irrefutável afirmação. Nesta canção, todas as frases melódicas possuem um contorno final descendente típico do movimento distensivo que, de acordo com os estudos entoativos, acompanha as mensagens que não precisam deixar as coisas em suspenso

Ou seja, as modalidades *querer*, *poder* e principalmente *saber* são as mesmas pressupostas pelo ato da asseveração na melodia. Nenhum sujeito poderá consumar um *dizer* se não possuir as modalidades que lhe dão competência para isso. Portanto, o fenômeno das descendências melódicas nesta canção é compatível com a trama narrativa desenvolvida pela letra, entre outras coisas, pelas modalidades comuns a ambas as faces.

RELAÇÃO ENTRE LETRA E MELODIA

Pois então, essa é uma das formas de pensar a relação letra/melodia em seus mecanismos de compatibilização. É pensar a canção dentro de seus próprios recursos, dentro daquilo que o compositor realmente (e naturalmente) concebeu. Trata-se, como se pode ver, de um procedimento diferente daquele que tenta avaliar uma canção pela qualidade dos versos tomados de um ponto de vista literário ou pela qualidade da melodia sob um enfoque musical. O que o compositor nos apresenta é uma proposta de integração e não uma proposta de justaposição de linguagens paralelas.

Vejamos mais um exemplo: podem-se constatar tendências que surgem na composição quando o cancionista, no momento de contrair a relação entre letra e melodia, privilegia a estabilidade e regularidade musical em detrimento da gramática e da mensagem direta da letra. O resultado é quase sempre a instauração de uma outra gramática, parecida com a poética, em que a recorrência fônica passa a ser um dos critérios mais importantes de escolha das palavras que integrarão a letra. Tom Jobim é o patrono desta tendência, principalmente com "Águas de março", mas João Donato ("A rã", "Lugar comum"), Baden Powell ("Apelo") e muitos outros confirmam o estilo (independentemente dos parceiros).

Quando o cancionista privilegia a intelecção linguística, sacrificando a regularidade musical melódica, saltam aos olhos as nuanças entoativas da fala coloquial ao lado de uma mensagem verbal assegurada pela gramática linguística que, como tal, dispensa a exaustiva reiteração dos motivos melódicos (da qual depende a inteligibilidade musical). Esses motivos se expandem ou se contraem conforme o número de palavras que precisam ser ditas. É o caso das canções de Jorge Ben Jor ("Charles, anjo 45", "Xica da Silva" e quase todas as outras de seu repertório), Cartola ("Acontece"), Dorival Caymmi ("João valentão", "Você já foi à Bahia?"), algumas de Gilberto Gil ("Preciso aprender a ser só", "Super-homem", "A canção"), Peninha ("Sonhos") etc. Lembramos que essas tendências devem ser verificadas em canções específicas e não nos autores, pois esses, em geral, compõem nas duas tendências. Os nomes citados são casos de cancionistas que adotam essas tendências como verdadeiros estilos.

Num estágio de arranjo, o cancionista prefere aclimatar instrumentalmente as impressões que lhe causa a relação letra/melodia proposta pela composição, ao invés de enxertar virtuosidade instrumental que nada tem a ver, em geral, com as informações da canção. Essa virtuosidade só é bem-vinda quando representa uma solução para explicitar algo já contido na composição. Por isso, o arranjo depende de inúmeras repetições até que o instrumentista se sinta no interior da canção como se fosse um de seus personagens. Daí o fato de o próprio gesto do instrumentista fazer parte do arranjo e da ligação entre os membros da banda durante a execução. Eles são os próprios personagens de que fala a canção. No caso das canções românticas, todos parecem se sincretizar num só — e os gestos revelam isso. No caso da canção dançante, cada instrumentista se sente mensageiro dos apelos corporais ali contidos. Em todos os casos, a questão está em obter o máximo possível de integração timbrística, rítmica e melódica para dar luz ao produto da relação letra/melodia concebido na composição. Os Beatles representam com perfeição esse tipo de arranjo.

SUJEITOS INSUBSTITUÍVEIS

Nos shows, os cancionistas-intérpretes exploram todos esses traços destacados acima, travestindo-se das mais distintas identidades para incorporar a posição de sujeito de todas as canções que interpretam. Afinal, os cantores são os últimos responsáveis pela transmissão da letra dita de uma maneira específica — a melodia. Nessa busca incansável da interpretação ideal, alguns intérpretes se cristalizam como sujeitos insubstituíveis de uma canção. É o caso de Cauby Peixoto com "Conceição", Dick Farney com "Marina" ou João Gilberto com "Desafinado." Outros, então, chegam a inverter o processo: atingem uma performance tão plena num determinado tipo de canção que os compositores passam a produzir em função desta performance. Podemos lembrar aqui Roberto Carlos e Maria Bethânia. Enfim, todos esses são fatos consequentes de um trabalho com a canção.

Mesmo o responsável pela mixagem de um disco, se não estiver afinado com os propósitos do cancionista, inclusive no sentido de ser um cancionista naquele momento, pode simplesmente destruir todo o trabalho realizado até então, jogando para um segundo plano auditivo os canais que contém parte fundamental da mensagem, e isso frequentemente acontece com a principal ou com um instrumento de efeito básico no arranjo. É só conferir.

Como todas essas características aqui levantadas estão distantes dos parâmetros reconhecidos pelas escolas de curso regular, incluindo os conservatórios e as oficinas de música, ainda resta ao cancionista, como no tempo de Noel, o autodidatismo: continuar tocando de ouvido, exercitando composições, ensaiando com outros que curtem mais ou menos as mesmas soluções de arranjo, ouvindo discos de cancionistas antigos, novos, brasileiros, ou de qualquer parte do mundo, ouvindo rádio FM e AM, tirando de ouvido a harmonia das canções para se munir de exemplos, apresentando-os ao público sempre que houver oportunidade, gravando se for possível e, fundamentalmente, buscando seu estilo pessoal, que é um produto não apenas do desenvolvimento de sua própria atividade, mas também do *feedback* de seu contato com o público ouvinte.

Gira em torno disso a prática possível de um cancionista de hoje. Aos que gostam de teorizar — são poucos — há todo um horizonte ainda por ser desvendado no universo de significação da canção, mas não me proponho a falar disso aqui. Quanto às faculdades, qualquer uma pode ser aproveitada pelo cancionista, uma vez que para sua profissão não há curso específico. E se o cancionista detesta solfejo, estudos de harmonia e transcrições em partitura, não há por que se afligir, estas são matérias de musicistas.

Cancionistas invisíveis[1]

Não nos preocupemos com a canção. Ela tem a idade das culturas humanas e certamente sobreviverá a todos nós. Impregnada nas línguas modernas, do ocidente e do oriente, a canção é mais antiga que o latim, o grego e o sânscrito. Onde houve língua e vida comunitária, houve canção. Enquanto houver seres falantes, haverá cancionistas convertendo suas falas em canto. Diante disso, adaptar-se à era digital é apenas um detalhe.

Uma canção renasce toda vez que se cria uma nova relação entre melodia e letra. É semelhante ao que fazemos em nossa fala cotidiana, mas com uma diferença essencial: esta pode ser descartada depois do uso, aquela não. O casamento entre melodia e letra é para sempre. Por esse motivo, existem meios de fixação melódica, muito empregados pelos compositores, que convertem impulsos entoativos em forma musical adequada para a condução da letra.

Trata-se, portanto, de uma habilidade específica que muitas vezes é confundida com formação musical ou literária. Basta repararmos que são raros os músicos, como Tom Jobim, e os literatos, como Vinicius de Moraes, que exibem vasto repertório de primeira linha. Normalmente, nossos grandes autores, tão ou mais prolíficos que esses, passam ao largo das áreas letradas e nem por isso compõem com menos frequência ou com menos requinte técnico, muito pelo contrário. Todos eles, incluindo os criadores de Garota de Ipanema, chegaram a uma produção de excelência não só por evidente vocação, mas, sobretudo, porque se entregaram com afinco ao ofício de fazer canção. Enfim, ser

1. Originalmente escrito para a *Revista Cult*, n. 105, ano 9, em 2006, o texto também faz parte do livro *Todos entoam: ensaios, conversas e canções*.

um bom músico ou um bom poeta não é requisito para ser um bom cancionista. Há um *artesanato* específico para se criar boas relações entre melodia e letra.

Com o surgimento, no século passado, da gravação e da difusão em massa pelo rádio e mais tarde pela televisão, a canção revelou-se a linguagem mais apropriada para os novos tempos. Era breve, com trechos recorrentes de fácil memorização, estimulava a dança espontânea, caracterizava quadros passionais, transmitia recados, comentava o cotidiano e ainda podia ser produzida em grande número, por todos que se apresentassem como compositores, já que não dependia especialmente de escolaridade. Cada nação que implantava as novas tecnologias de registro e divulgação lançava também seus gêneros mais fecundos de canção: blues, tango, bolero, samba etc. Com o correr dos anos e as influências mútuas, a configuração do gênero, que chegou a vir impressa no selo do disco, foi perdendo a importância e apenas a relação melodia e letra se manteve como marca peculiar desse modo de expressão. Assim, surgiram canções-samba, canções-rock, canções-bossa nova, canções-blues, canções-reggae, canções-country, canções-toada, canções-bolero, canções-funk e canções-rap. Estas últimas, aliás, passaram a representar a mais pura essência da linguagem da canção pela proximidade que mantêm com a fala.

Um dos equívocos dos nossos dias é justamente dizer que a canção tende a acabar porque vem perdendo terreno para o rap! Equivale a dizer que ela perde terreno para si própria, pois nada é mais radical como canção do que uma fala explícita que neutraliza as oscilações *românticas* da melodia e conserva a entoação crua, sua matéria-prima. A existência do rap e outros gêneros atuais só confirma a vitalidade da canção. Ou seja, canção não é gênero, mas sim uma classe de linguagem que coexiste com a música, a literatura, as artes plásticas, a história em quadrinhos, a dança etc. É tudo aquilo que se canta com inflexão melódica ou entoativa e letra. Não importa a configuração que a moda lhe atribua ao longo do tempo.

Outro equívoco, baseado num consenso totalmente desvirtuado, vem gerando o grande paradoxo contemporâneo desses tempos. Vivemos uma época de hegemonia absoluta do canto — muitas vezes associado a espetáculos, filmes, novelas, clips, a programas televisivos de toda ordem, ao mundo virtual —, de surgimento incessante de novos artistas da mais fina qualidade, de reabilitação de nomes indevidamente desprezados, de recuperação de épocas esquecidas, de convivência com uma diversidade cancional jamais vista e, no entanto, reina na mídia, nos meios culturais em geral e mesmo no âmbito musical a opinião uniforme de que estamos mergulhados num *lixo* de produção viciada e desinteressante.

Acontece que, graças à sua maleabilidade, a canção ocupa diferentes faixas de consumo, que cobrem desde os pequenos selos independentes até as grandes empresas multinacionais que só raciocinam em termos de lucro, pouco se importando com a natureza do produto lançado no mercado. Entre esses extremos, porém, há de tudo: independentes que se guiam pelos parâmetros das *majors*, multinacionais que reservam parte de seus empreendimentos para a *música de qualidade*, independentes altamente dependentes das distribuidoras e da boa vontade dos programadores de rádio, gravadoras que mantêm em seu elenco nomes tão diversos como Jorge Aragão e Luiz Melodia, selos nacionais de porte médio, como a Trama e a Biscoito Fino, selos criados pelos próprios artistas para produzir discos com maior liberdade etc. E ainda há os extremos dos extremos: de um lado, artistas independentes tão *autorais* que sua obra não parece com nada, nem com canções; de outro, artistas tão comerciais que seus discos dispensam os nomes dos autores, já que as faixas foram produzidas diretamente no estúdio, seguindo a tendência em voga, e ninguém tem coragem de assiná-las.

Enfim, hoje em dia o espectro das faixas de consumo é o mais variado possível e, em todas elas, há compositores, intérpretes e instrumentistas criando seus discos, fazendo seus shows e formando legiões de fãs que não mais dependem apenas da difusão de massa para acompanhar seus artistas. Dispõem das rádios alternativas, da imprensa, de um ou outro programa diferenciado de TV e da abençoada Internet. Nesse aspecto, aliás, as que mais perdem espaço atualmente são as poderosas gravadoras de outrora.

Claro que as bandas e os ídolos de multidão, muito bons em sua maioria, dividem entre si o melhor quinhão do mercado como sempre ocorreu em áreas de forte apelo comercial. Isso não significa que ocupam o lugar daqueles que operam nas outras faixas de consumo. Concorrem, na verdade, com outros fenômenos de multidão. Até os anos 1970, no Brasil, só a música anglo-americana e, mais raramente, italiana, atingia esse patamar de sucesso. Aos poucos, a produção e o carisma de Roberto Carlos foi conquistando boa parte desse feudo até que, nos anos 1990, as canções brasileiras se apossaram de vez do mercado de disco. O preço de todo esse processo foi, evidentemente, a padronização estética das canções dessa faixa de mercado, já que a produção em série requer sempre algum tipo de uniformidade. Surgiram então os rótulos depreciativos — axé, sertanejo, pagode — que desencorajavam qualquer avaliação mais detida da transformação que marcou a intensa presença nacional também no segmento voltado às multidões.

Nessa mesma época, com o ingresso quase que repentino do país na era digital, a gravação em CD e derivados tornou-se algo cada vez mais simples, barato e viável. Assim, a intervenção independente, que dez anos antes representava um ato heroico de bandas e artistas frontalmente marginalizados pelas gravadoras, tornou-se a forma habitual de lançamento de novos nomes no mercado e um modo de produção atraente até mesmo para os próprios artistas das *majors*. Maria Bethânia, Djavan e Chico Buarque, entre muitos, trocaram suas multinacionais por outros modelos de realização.

Essas novas perspectivas ampliaram vertiginosamente as possibilidades de trabalho no mundo da canção. Milhares de compositores saíram da toca e centenas de selos foram constituídos para dar vazão ao ímpeto criativo represado no Brasil desde o fracasso econômico do período militar, quando as gravadoras deixaram de apostar em novas promessas na música. Iniciou-se então uma fase extremamente próspera de atividade cancional que, entretanto, em quase nada lembrava o período que virou símbolo da melhor produção brasileira: década de 1960 e início dos anos 1970, época dos movimentos bossa nova e tropicalismo, da música de protesto, da jovem guarda e dos festivais que tinham ares de Copa do Mundo nacional.

Ora, essa fase anterior se pautava pelo signo da centralização. Todas as correntes se abrigavam na mesma casa, a TV Record, e portanto eram constantemente comparadas, confrontadas e, não raro, participavam de competições explícitas que provocavam constrangimentos entre os líderes dos programas. Esse espírito de rivalidade, incentivado pelos próprios donos da casa, contagiava o público que passava a se identificar com seu artista predileto e a repelir os demais. Criava-se então um clima altamente propício para a formação de tendências e para a configuração de movimentos. E quem quisesse acompanhar esses embates, bastava sintonizar o televisor na Record ou o rádio na emissora do mesmo grupo.

O momento atual, prefigurado desde a década passada, se caracteriza pela descentralização. Os acontecimentos musicais são muito mais ricos e variados, até porque contam com recursos nem sequer sonhados nos idos dos anos 1960. E a força do talento dos novos cancionistas também diminuiu. O problema é outro. Como encontrá-los? Estão espalhados pelos Estados brasileiros, nos mais diferentes teatros e salas de espetáculo. Tocam em rádios e televisões locais, fazem excursões frequentes pelo país e no exterior, lançam seus discos regularmente, soltam composições na Internet. Já não contam com a mídia de massa, a não ser em situações bastante particulares como quando lançam discos ou participam de projetos conduzidos por nomes consagrados. Mas suas apresentações são sempre concorridas, ainda que divulgadas em setores restritos da população. Levam anos, décadas, em alguns casos, toda a vida para se tornarem nomes nacionais. Cancionistas deste tipo operam em todas as faixas de prestígio artístico ou comercial. Quase todos vendem milhares de discos e alguns chegam mesmo a dezenas ou até centenas de milhares sem, contudo, passar para a faixa dos ídolos de multidão. Quem tem o trabalho de sair de casa e procurá-los em shows ao vivo, normalmente volta bem impressionado e um pouco atônito por ter passado tanto tempo sem saber da existência de autores tão especiais.

São tantos os artistas contemporâneos nessas condições que não poderíamos citar alguns nomes sem cometer injustiça com a maioria dos restantes. Fiquemos apenas com o símbolo maior do compositor e intérprete que passou a vida levando pérolas cancionais a inúmeros palcos brasileiros e só agora parece ter sido descoberto pelo público da TV aberta: Itamar Assumpção. Quem não foi atrás, perdeu. Como ele, muitos cancionistas invisíveis, de fora da mídia de massa, que hoje se revezam nos teatros de todo pais, não devem nada à geração da Record.

Adverte-se aos curiosos que se imprimiu este livro na gráfica Meta Brasil, em 5 de maio de 2022, em papel pólen soft, em tipologia MinionPro e Formular, com diversos sofwares livres, entre eles LaTeX & git.
(v. 80532f4)